힘들 때 미치지 않는 기술

Die Kunst, in schwierigen Zeiten nicht durchzudrehen by Ralf Senftleben
ISBN 978-3-8338-7501-4
Copyright © GRÄFE UND UNZER VERLAG GMBH, 2020

Korean Translation Copyright © 2022 by Wisdom House, Inc.
Korean edition is published by arrangement with GRÄFE UND UNZER VERLAG GMBH, Munich
through BC Agency, Seoul

힘들 때 미치지 않는 기술

세상 쓸데없는 걱정에 휘둘리는 내 인생 구하는 법

랄프 젠프트레벤 지음 | 이미영 옮김

위즈덤하우스

차례

3부 │ 단순하게 살고 싶은 당신을 괴롭히는 상황에 대처하는 법

어쩌다
세상이 이렇게

우리는 이상하고 힘든 시대에 살고 있다. 따라잡기 버거운 발전이 매일같이 일어나고, 하기 싫고 할 수 없을 것 같은 도전들을 강요받는 시대, 상상도 못하던 것들을 이루었지만 어쩐지 예전보다 더 많은 스트레스를 받고 더 복잡한 시대에.

당신은 어떨지 모르겠지만, 어떤 사람은 이런 상황 때문에 이미 부담을 느끼고 버텨내기 어려운 압박을 받고 있다. 심지어 이러다가는 미쳐버릴지도 모르겠다는 생각을 자주 할지도 모른다.

그런 일이 일어나지 않게 하려고 이 책이 있다. 바깥세상이 아무리 미친 듯 돌아가도, 우리를 둘러싼 세상이 점점 더 이상해지는 것처럼 보여도, 차분하고 편안하고 긍정적인 자세로 머물 수 있는 방법을 구체적으로 안내한다.

당장 미쳐버려도 이상하지 않을 혼돈의 세상에 잘 대처하는 법과 인생에 닥친 장애물을 더 쉽게 극복하는 법, 끝으로 그 모든 과정을 지나면서도 일상의 단단함과 침착함을 유지하는 법에 대한 지침도 책에 실려 있다.

삶이 당신의 발 앞에 내던지는 모든 상황을 유연하게 처리하는 법을 알려주는 것이 이 책의 목표다. 그 모든 어려움에도 불구하고 당신이 이 지구상에서 여유롭고 편안하고 만족스러운 시간을 보낼 수 있도록.

이 책이 당신에게 줄 수 있는 것

미치지 않는 기술에 대한 안내서는 3단계로 이루어진다. 첫 번째 단계에서는 단순명료하고 시대를 초월하는 10가지 마음 습관을 익혀 어떤 상황이든 더 유연하게 대처할 수 있도록 돕는다. 이 습관들이 마음속에 자리 잡으면 삶은 훨씬 더 여유로워진다. 스스로 바꿀 수 없는 일에 대해 화를 내는 경우가 눈에 띄게 줄어들고 나의 하루를 개선하는 일에 더 많이 집중하게 될 것이다. 또한 일단 하기로 한 일은 지체 없이 하는 경우가 더 늘어난다.

두 번째 단계에서는 앞서 소개한 각각의 마음 습관들을 행동으로 옮기는 데 유용한 구체적인 기술들을 습득한다. 흐트러진 중심을 되찾는 방법과 어찌해도 바꿀 수 없는 것들을 마음속으로 놓아주는 방법, 후회 없이 최선의 결정을 내리는 방법을 알려준다. 책에 실린 모든 기술은 당신이 힘든 시기에도 침착하게 내면의 균형을 유지하는 데 도움을 준다.

마지막으로 세 번째 단계는 첫 번째와 두 번째 단계에서 익힌 내용을 바탕으로 실제 사례를 들어 우리의 일상에 적용할 만한 실질적인 대처 방안을 소개한다. 직장동료가 당신에게만 불친절하게 구는 경우, 인터넷으로 물건을 샀는데 사기를 당한 경우, 사랑하는 사람이 당신을 떠난 경우 등등. 이렇게 일상에서 흔히 일어날 법한 구체적 상황을 통해 앞에서 익힌 마음 습관과 기술을 우리 삶에 어떻게 적용할 수 있는지, 언제 망해도 이상하지 않을 세상에서 어떻게 미치지 않고 그 상황을 극복할 수 있을지 알아볼 것이다.

마음 습관을 익히고 기술을 연습하고 실례를 충분히 익히고 나면, 예전이라면 버티기 힘들었을 순간에도 침착하게 평정을 유지하는 경우가 점점 더 많아질 것이다. 문제를 해결하는 데에는 전혀 도움이 되지 않는 걱정, 생각의 소용돌이, 책임전가 따위에 시간을 낭비하는 일이 실제로 줄어들 것이다. 간단히 말해, 당신은 자신의 삶을 더 많이 장악하게 될 것이며 그것은 기분 좋은 일이다.

자 그럼, 당신을 편안하고 침착하게 만들어주는 첫 번째 단계부터 지금 바로 시작해보자.

우리가 바람을 바꿀 수는 없지만
돛을 다르게 펼 수는 있다.

- 아리스토텔레스

1부

세상 쓸데없는 걱정에 휘둘리는 당신을 위한 10가지 마음 습관

우리 인간은 어떤 상황에서든 토대로 삼을 만한 단단한 마음 습관을 필요로 한다. 어느 기준도 두지 않은 채 내적 충동에 휘둘려 기계적으로 행동해 버릇하면 금세 엉뚱한 짓을 저질러 인생 계획을 망쳐버릴 수 있기 때문이다.
여기에 10가지 마음 습관을 소개한다. 이 단순하지만 강력한 습관들을 내 것으로 만들 수 있다면 우리 삶은 더 풍성하고 아름답고 편안해질 것이다.

1 │ 영향을 미칠 수 있는 일에 집중한다

내 힘으로 어쩔 수 없는 일을 하고 싶거나 해야 할 때 우리는 스트레스와 좌절, 압박을 느낀다. 예를 들면 부서의 빈자리에 충원이 되지 않아 당신이 세 사람 몫을 해야 할 때, 더 많은 돈을 벌고 싶지만 연봉은 기약 없이 제자리걸음일 때, 연인이 계속 옆에 있어주기를 원했지만 당신을 떠나버렸을 때 등등.

상황은 늘 반복된다. 내 능력밖의 무언가를 하고 싶거나 해야 할 때 우리 안에 스트레스와 무력감이 생겨난다. 달리 말하자면, 이런 상황은 우리를 미치게 한다.

그렇다면 해결책은? 아주 간단하게 당신이 당장 할 수 있고 눈앞에 있는 일만 원한다고 상상해보자. 아침을 먹는 일, 거실에 청소기를 돌리는 일, 창문을 열어 환기시키는 일, 메일에 답장하는 일: 이런 일만 원하고 다른 상황과 여건은 있는 그대로 받아들일 수 있다면, 당신의 삶은 훨씬 더 깔끔하고 편안할 것이다. 그렇지 않은가?

하지만 우리 인간은 당연히 그렇게 지내지 못한다. 우리는 우리의 힘이 미치지 못하는 일들도 원한다. 가족이 아무도 아프지 않기를 원한다. 날마다 일이 즐겁기를 원한다. 더 나은 복지에 신경 쓰는 정치인을 원한다. 대도시 중심부에 위치한 방 네 개짜리 아름다운 집에서 살기를 원한다.

그 마음은 십분 이해하지만 문제는 원하는 것을 얻지 못했을 때 우울함이나 분노, 무력감이 생겨나면서 시작된다. 그런 상황은 우리의 육체와 정신에 스트레스를 남긴다. 그밖에 부패, 포퓰리즘, 부의 불균형한 분배, 남성과 여성의 지속적인 임금격차 같은 사회적 폐해들 그리고 이런 일들을 보고 화를 낼 때도 스트레스는 다시금 반복된다.

그런 상황에 화를 내고 불평하는 것은 지극히 정상이다. 하지만 이해해두어야 할 사항이 한 가지 있다. 스스로 바꿀 수 없거나 바꿀 마음이 없는 일에 대해 계속 저항하면 장기적으로 마음이 병들게 된다. 이 점을 꾸준히 의식하는 것이 중요하다. 바깥세상은 내 힘으로 바꿀 수 없어도 나의 태도는 즉각 바꿀 수 있다.

> 압박과 스트레스는 우리가 가질 수 없는 무언가를 원할 때 생겨난다.

인생이 가벼워지는 비율 9:1

다음 표를 자세히 보라. 지금 내가 원하는 일이 대체로 첫 번째와 두 번째 열에 들어간다면, 즉 내 힘으로 어쩔 수 없는 일에 주로 몰두한다면 제정신으로 살아가기 버거울 것이다.

거의 혹은 전혀 영향을 미칠 수 없는 일	부분적으로만 영향을 미칠 수 있는 일	곧바로 영향을 미칠 수 있는 일
• 국내외 정치 • 전 세계의 전쟁 상황 • 국내외 경제 • 디지털화, 도시화, 세 계화 같은 큰 추세 • 전반적 사회문제 • 지역 날씨 • 질병이나 전염병 • 다른 사람들의 행동과 생각	• 타인이 나에 대해 갖는 인상 • 타인이 나를 신뢰하는 지 아닌지 • 타인이 내 의견을 얼마 나 중요하게 여기는지 • 조심하는데도 일어나 는 사고 • 건강한데도 걸리게 되 는 병 • 선거 결과	• 무언가를 하거나 하지 않기 • 무언가를 사거나 사지 않기 • 타인을 돕기 • 살 곳 정하기 • 친구를 선택하기 • 자신이 맡을 책임 • 자신이 넘겨주어야 하 는 직무

스스로 좌지우지할 수 없는 무언가를 원할 때마다 마음속에는 불안과 불만이 조금씩 생겨난다. 하고 싶은 일이나 해야 하는 일은 많은데 좀처럼 내 마음 같지 않을 때 스트레스는 더해진다. 이는 결국 긴장이나 불만, 질병의 형태로 나타나게 된다.

자신이 통제할 수 없는 일을 더 많이 원할수록 우리의 불만은 더욱 커지고 미칠 것 같다고 느낀다.

앞에서 말했듯이 우리가 가질 수 없는 것을 원하거나 우리의 울타리 너머에 있는 업무와 씨름하는 것은 지극히 정상적이다. (나의 아내는 내가 정리정돈을 좀 더 잘하기를 바라는 것처럼.) 하지만 미치지 않기 위해서 당신은 당신이 해낼 수 있는 문제와 안타깝게도 할 수 있는 일이 많지 않은 문제 사이의 비율을 적절하게 맞추어야 한다.

내가 영향을 미칠 수 있는 업무를 처리할 때는 시간과 에너지에 아주 많은 여유가 생긴다. 당신이 주도권을 갖고 있는 일을 90퍼센트, 직접적인 영향력 범위에서 벗어난 일을 10퍼센트 비율로 조절하라. 그래야 나를 둘러싼 상황에서 편안하고 침착하게 머물 수 있다.

자기 자신과 사랑하는 사람들, 세상을 위해 당신이 바라지만 당장은 존재하지 않는 것들을 쭉 적어보자. 가족이나 친구, 사랑하는 사람, 상사가 당신에게 원하는 것들도 목록에 적어보라.

마지막으로 당신이 반드시 바꾸고 싶은 것들도 적어라. 예를 들어 직장에서 맡은 업무 목표치를 달성하는 것, 자기계발에 더 많은 돈을 투자하는 것, 날 괴롭게 하는 이웃이 이사 가는 것 따위를 적으면 된다.

이제 다음 그림을 살펴보자. 당신이 영향을 미칠 수 있는 영역이 얼마나 넓고 한계는 어디까지인지 4가지 범위로 나누었다. 이 4가지 범위에 각각 관심을 얼마나 기울여야 하는지도 퍼센트로 구분했다. 그림 아래에 각각의 범위에 대한 설명이 이어지니 잘 읽어보라.

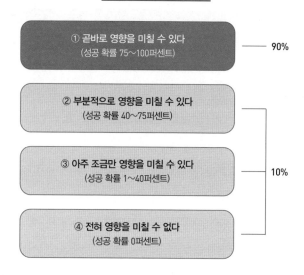

나의 영향력이 미치는 범위

① 곧바로 영향을 미칠 수 있다
(성공 확률 75~100퍼센트) —— 90%

② 부분적으로 영향을 미칠 수 있다
(성공 확률 40~75퍼센트)

③ 아주 조금만 영향을 미칠 수 있다
(성공 확률 1~40퍼센트) 10%

④ 전혀 영향을 미칠 수 없다
(성공 확률 0퍼센트)

① 기껏해야 게으름을 피우거나 준비가 부족했던 경우가 아니고서는 계획을 망칠 염려가 없다. 이를테면 매일 치실 사용하기, 매일 20분 동안 산책하기, 화가 날 때 심호흡하기 등등이 여기에 속한다.

② 많은 영향을 미칠 수 있지만 성공은 보장되지 않는다. 여기 속한 일들을 실현하는 데 당신이 전적인 주도권을 갖고 있지 않기 때문이다. 더 좋은 일자리를 구하는 것, 이상형을 만나는 것, 자동차가 차량 점검을 무사히 통과하는 것 등을 예로 들 수 있다.

③ 이 범위에 속하는 것은 외부 영향에 아주 많이 좌우된다. 당신은 최소한의 영향만 미칠 수 있다. 당신이 지지하는 정당이 다

음 선거에서 승리하는 것, 지원한 회사에 500 대 1의 경쟁률을 뚫고 채용되는 것, 아델이나 레이디 가가 같은 유명한 가수가 되는 것 등을 예로 들 수 있다.

④ 이제 마지막 범위에 도달했다. 이곳에는 현재 경험과 과학 수준으로는 이루지 못할 소망이 속한다. 예를 들어 영원히 사는 것, 당신이 사랑하는 사람들이 영원히 사는 것, 모든 인간이 늘 서로 평화롭고 사이좋게 지내는 것, 모든 것이 늘 그대로 아무것도 변치 않고 남아 있는 것 등이다.

이제 당신의 위시 리스트를 손에 들고 소망과 목표를 이 4가지 범위로 분류하라. 당신은 그것이 명백히 보여주는 바를 알아차릴 것이다. 소망이 주로 ①, 그리고 ②에 더 많이 있을수록 당신은 자신의 삶을 장악하고 있다는 느낌을 더 많이 갖게 된다. 소망이 ③과 ④에 더 많이 있을수록 스스로 무력하다고 느낀다.

내 안의 가짜 욕망 없애는 법

첫 번째 마음 습관은 당신이 영향을 미칠 수 있는 일에 집중하는 것이다. 하지만 무언가를 원하거나 소망하는 것은 자연스러운 일이다. 그것을 막을 수는 없지 않을까?

아니, 막을 수 있다. 당신의 욕망이 자주 불합리하게 느껴지고 단순히 망상에 불과하다는 것을 깨달았을 때, 한 번도 가져본 적이 없어서 당신이 그것을 정말로 좋아하는지 혹은 그것이 쓸모가 원하는 일이 예상과 달라져도 침착함을 잃지 않는 것이 훨씬 더 편안하다.

있을지 없을지 전혀 알 수 없을 때는 관점을 바꾸는 것만으로도 욕망을 없앨 수 있다. 이제 욕망을 없애는 구체적 단계를 살펴보자.

1단계: 마음 내려놓기

욕망을 줄이기 위한 첫 번째 단계는 소망과 목표, 동경에 관해 긴장을 풀고 마음을 내려놓는 것이다. 소망을 다른 방식으로 고찰해보면 도움이 된다. 무언가 정말로 원하는 것이 생겼을 때 흔히 이렇게 생각한다. '이번에는 꼭 승진하고 싶어.' '그 사람에게 차이면 너무 괴로울 거야.' '첫 차는 무조건 SUV 이상은 되어야지.'

이는 스스로를 긴장시키고 억압하는 사고방식이다. 꼭 이루고 싶은 목표에 대해 생각할 때도 긴장을 늦출 수 있다. '그래, 물론 승진이 되면 좋겠지. 하지만 승진하지 않아도 지금의 행복에서 더 멀어지는 건 아니야.' 혹은 '그래, 맞아. 그 사람과 사귀게 된다면 좋겠지. 하지만 거절당해도 또 새로운 사랑이 내 앞에 나타날 거야.' 혹은 '그래, SUV는 멋지지. 하지만 그래봐야 자동차일 뿐이야. 조건이 맞지 않으면 더 작은 차도 충분해.'

우리는 특정한 소망과 상상을 고집하며 인생의 행복이 그것에 달려 있다고 믿을 때가 많다. 장난감가게에서 심통을 부리는 다섯 살짜리 아이처럼.

하지만 당신의 행복은 큰 집에 사는지 작은 집에 사는지, 매년 휴가를 내서 스키를 타러 갈 수 있는지, 최신형 휴대폰을 가지고 있는지에 달려 있지 않다. 당신의 행복을 좌우하는 것은 다른 것들이다. 이를테면 당신의 인생에 변하지 않는 기준이 정해져 있는지, 건강은 괜찮은지, 인간관계는 원만한지, 돈은 충분한지, 안전한지, 자신이 가지고 있는 것들에 얼마만큼 감사하며 사는지, 그것들을 얼마나 주의 깊고 의식적으로 누리는지, 자신의 인생을 스스로 결정하고 있는지 아닌지 등이다.

영화배우 짐 캐리는 다음과 같이 말했다. "모든 이가 부자가 되어 꿈꾸는 것을 전부 가질 수 있다면 좋겠습니다. 그래야 그것이 답이 아니라는 사실을 알 테니까요." 이 말을 이해한다면 마음을 더 내려놓을 수 있을 것이다. 특정한 것을 고집하지 않게 된다.

우리는 무엇이
우리를 행복하게 하는지
모를 때가 많다.

소망은 생각지 못한 방식으로도 이루어진다. 혹은 나중에 이루어질 때도 있다. 하지만 그것이 지금 당장 있어야 한다고 고집한다면 마음속에 압박과 강요, 스트레스가 생겨나고 이는 조만간 당신을 미치게 한다.

2단계: 스스로 마음껏 이야기하기

무언가를 갖거나 이루고 싶어 하는 마음은 나쁜 것이 아니다. 특히 그것이 우리의 영향력 범위 내(①이나 ②)에 있을 때나 그것을 실행하고 추진할 준비가 되어 있을 때는 더욱 더 그렇다.

하지만 연애를 하고 싶으면서도 새로운 사람을 만나기 위해 문밖으로 나서려 하지 않는다면, 애초에 기대를 버리고 정말로 행동으로 옮길 준비가 되어 있는 다른 일에 집중하는 편이 더 좋을지도 모른다.

당신이 할 수 없거나 너무 많은 노력이나 용기를 필요로 하는 소망을 가지고 있다면, 그 소망 자체에 대해 스스로 마음껏 이야기하는 것이 중요하다. 소망에 여러 개의 질문을 던져 점검하는 것도 좋다. 더 큰 집에 살고 싶은데 현재 매물로 나와 있는 집이 하나도 없고 다른 도시로 이사 가고 싶지도 않은 경우를 예로 들어보자. 그럼 당신은 스스로에게 다음과 같이 물어볼 수 있다.

◇ 원하는 것을 얻기 위해 불안과 게으름을 이겨낼 수 있는가?

◇ 원하는 것을 얻으면 한층 더 행복하고 만족스러워질까?

◇ 이 일이 나를 더 건강하게 할까?

◇ 이 일이 나를 더 부자로 만들어줄까?

◇ 이 일이 내 마음속 문제를 해결해줄까?

◇ 이 일이 나를 더 용기 있고 강한 내면을 가진 사람으로 만들어줄까?

◇ 더 큰 집을 얻으면 어떤 단점이 있을까?

◇ 이 소망이 내게 도움이 된다고 100퍼센트 확신하는가?

◇ 이 소망/목표/이상을 포기하면 어떻게 될까?

이 질문들에 솔직하게 답변하는 것이 어렵다는 점은 인정한다. 목표에 대한 환상을 깨뜨리는 것은 마음 아픈 일이기도 하다. 하지만 가지지 못한 무언가를 동경하며 몇 년 간 괴로워하는 것보다 한 차례 고통을 견디고 다음 단계로 나아가는 편이 나을 수도 있다. 이 질문들은 당신이 더 큰 집을 얻지 못할 수도 있다는 사실을 받아들이는 데 도움을 준다.

목표를 포기하는 것이 괴롭기만 한 일은 아니다. 그것은 목표를 이뤄야 한다는 부담에서 당신을 해방시켜주기도 한다. 목표에 묶여 있던 에너지를 풀어내면 정말로 해낼 준비가 되어 있고 의지가 넘치는 일에 그 에너지를 사용할 수 있다.

스트레스와 심리적 압박을 줄이고 싶을 때는 위시 리스트를 돌아보고 그중에서 얻지 못할 가능성이 큰 무언가를 포기하는 것이 가장 효과적이다. 예를 들어, 벌써 몇 번이나 부탁했는데도 이웃이 늘 시끄럽게 소리를 내는 것, 드라마나 영화 중간에 광고가 나오는 것, 공장식 축산이 아직도 금지되지 않는 것 등.

오해하지는 말자. 우리가 불만을 갖고 있는 문제들에 대해 무언가 조치를 취할 수 있다면 어떻게든 그 문제를 해결하려 시도하는 것이 먼저다. 우리가 할 수 있는 일에는 다음과 같은 것들이 있다.

◇ 전문가의 조언을 구한다.
◇ 문제를 일으킨 사람을 설득하려고 시도한다.
◇ 합법적인 모든 수단을 동원한다.
◇ 다른 사람들과 힘을 합쳐 문제를 규탄하는 서명을 모은다.
◇ 불만 내용을 주제로 삼아 책을 쓴다.
◇ 불만사항에 대한 웹사이트나 유튜브 채널, 팟캐스트를 만든다.
◇ 불만사항을 없애기 위해 국민발안이나 시민운동을 수립한다.

하지만 솔직히, 대부분 그렇게까지 많은 에너지를 쓰고 싶어 하지 않는다. 우리는 분노하면서도 그에 맞서 행동하지는 않을 때가 많다. 그래도 전혀 잘못된 것은 아니다. 세상의 모든 악에 맞서 싸울 수는 없다. 그랬다가는 그것도 우리를 미치게 할 것이다. 하지만 불만이 넘쳐나는데도 무언가를 시도하지 않는다면 분노는 서서히 악화된다. 마음속의 스트레스와 압박이 당신은 무력하고 의지할 데 없다는 메시지를 보내기 때문이다.

괴로워하면서 행동하지 않거나 불평만 하다 보면 온갖 우울함이 밀려들게 된다. 우리는 매일매일 온갖 기대와 강요, 압박을 받는다. 직장에서뿐만이 아니다. 매일 언론에 보도되는, 우리가 아무런 영향을 미칠 수 없는 수많은 부정적인 뉴스에도 압박을 받는다.

여기에서 벗어나는 길은 내가 어쩔 수 없는 문제에는 단호하게 선을 그어서 내면의 싸움을 끝내는 것이다. "나는 내 힘으로 무언가를 바꿀 수 있고 변화를 적극적으로 지지할 각오도 되어 있는 문제에 대해서만 분노할 거야."

무언가에 대해 분노하면서도 그에 맞서 아무것도 할 수 없거나 하려 들지 않는다면 그런 분노는 누구에게도 유익하지 않다. 다시 한 번 반복하겠다. 우리가 바꿀 수 없는 일에 대해 분노하는 것은 누구에게도 유익하지 않다. 누구에게도.

어떤 문제에 대해 분노하는 것이 사회적 책임이라고 주장하는 사람들도 있지만 그것은 핑계다. 감정적으로 흥분하지 않고도 충분히 비판적 태도를 취할 수 있다. 목에 핏대를 세우지 않고도 "우리나라의 쓰레기를 다른 나라에 버리는 건 절대 공정하지 않다고 생각해."라고 말할 수 있다.

무언가에 대해 분노하는 것은 책임감 있는 사람이 되는 것과 아무런 관련이 없다. 책임을 지는 것은 오히려 무언가를 시도해서 더 좋게 만드는 것을 뜻한다. 모든 문제에 감정적으로 대처하고 그래서 누구 잘못인지를 찾아내는 일은 누구에게도 도움이 되지 않는다. 분노에 사로잡힐 때마다 스스로 이렇게 물어보라. '내가 그것에 대해 분노하면 세상이, 나 자신의 인생이 나아질까?'

분노는 아무것도 바꾸지 않는다. 이 말은 매일 수없이 반복해야 하는 주문이다. 당신이 아무것도 할 수 없거나 하려 들지 않는 한 분노는 아무것도 개선하지 않는다.

우리가 무엇을 할 수 있는지 알아내기 위해서가 아니라 단순히 호기심이나 재미로 정보를 찾는 것은 에너지 낭비일 뿐이다. 차라리 저 밖에서 우리의 삶이나 세계에 정말로 도움이 되는 것들, 실제로 영향을 미칠 수 있는 것들, 예를 들어 고장난 것을 버리는 대신 고쳐 쓰기, 이웃을 도와주기, 정원에 나무 심기 등을 위해 에너지를 쓰는 게 낫다.

하지만 늘 내가 영향을 미칠 수 있는 범위 안에만 머물고 내가 할 수 있는 일만 한다면 어떻게 발전할 수 있겠는가? 어떻게 인간으로서 성장하고 성숙해지겠는가?

물론이다. 무언가를 배우고 내 영역을 넓히려면 미지의 땅으로 과감히 나아가고 자신이 영향을 미칠 수 없는 일에 대해서도 자신감을 갖고 임해야 한다. 다만 그것은 순서의 문제다. 당신의 능력이 닿는 일에 우선 신경 써라. 자신의 문제를 먼저 해결하고 스스로 바꿀 수 있는 것을 바꿔라.

그러고 나면 이제 안심하고 지금까지 머무른 범위를 약간 혹은 완전히 넘어서는 일에 관여할 수 있다. 세계평화와 기후를 지키기 위해, 인종차별에 반대해서, 남녀평등을 위해서 싸울 수 있다. 세계를 한꺼번에 구하겠다고 시도하지만 않는다면.

당신의 삶에서 제1 마음 습관을 더 강화하기 위해 이용할 수 있는 질문들을 아래에 소개한다.

? Question

◇ 내가 어쩔 수 없는데도 강하게 원하거나 바라는 일은 무엇인가?

◇ 나를 몹시 분노하게 하지만, 내가 너무 게을러서 아무것도 못한 일이 있다면 무엇인가?

◇ 당신의 현실적 문제를 해결할 수 없어서 화가 나는가?

◇ 내가 영향을 미칠 수 있는 범위 내의 모든 일을 신경 쓰고 있는가?

　• 내가 사랑하는 사람들과의 관계

　• 직장에서의 만족도

　• 규칙적으로 운동하기, 몸에 좋은 음식 먹기, 건강 및 노후 관리하기

---

2 | 할 수 있는 것 이상으로 무리하지 않는다

영향력 범위 내에 있는 것에만 신경 쓰는데도 당신은 미칠 수 있다. 너무 많은 일을 동시에 관리해야 할 때가 그런 경우다. 너무 많은 계획을 세워서, 너무 많은 프로젝트를 동시에 진행하고 있어서, 자신에 대한 기대치가 너무 높아서, 제때에 거절하지 못해서 진이 빠질 수도 있다.

내부적 위협이든 외부적 위협이든 상관없이 그런 상황들은 당신을 미치게 한다. 두 번째로 과로를 피하는 마음 습관에 대해 알아보자.

우선 간단한 테스트를 해보자. 당신이 실제로 어떤 상황에 처해 있는지, 개인적으로 혹은 직장에서 할 일이 얼마나 많은지, 업무를 더 맡을 수 있는 상태인지 아니면 이미 발 디딜 틈 없이 꽉 차 있는 상태인지 알아내야 시간을 효율적으로 분배할 수 있다.

다음의 질문들은 이 정도를 더 분명하게 파악할 수 있도록 도와준다. 당신의 업무와 의무, 책임을 하나의 목록으로 정리하고 다음 질문의 답변을 적어 넣어라.

◇ 현재 직장에서 어떤 분야를 책임지고 있는가?

_____

◇ 직장에서 내가 특별히 신경 써야 하는 프로젝트는 무엇인가?

_____

◇ 가족 내에서 나의 의무는 무엇인가?

_____

◇ 출퇴근에 시간이 얼마나 걸리는가?

_____

◇ 야근까지 해야 하는 주요 프로젝트는 무엇인가?

_____

◇ 휴일에 규칙적으로 하는 것은 무엇인가?

_____

◇ 참여하는 동호회나 모임이 있다면 거기에서 어떤 역할을 맡고 있나?

_____

◇ 나 자신을 위한 규칙적인 의무는 무엇인가?

_____

고심해서 빠짐없이 적어야 한다. 목록을 완성하고 나면 당신의 의무가 전부 나열된다. 스스로 선택한 의무도 포함해서. 목록을 살펴본 뒤 다음 그림에서 자신이 어디에 속하는지 분류하라. 당신은 어디에 있는가? 당신은 얼마나 바쁜가?

이런 질문도 가능하다. 내가 손을 뗄 수 있는 업무는 얼마나 있는가? 내가 처리하지 못한 일은 시간이 없어서가 아니라 업무 방식이 무질서하거나 중요하지 않은 일부터 처리해서는 아닐까?

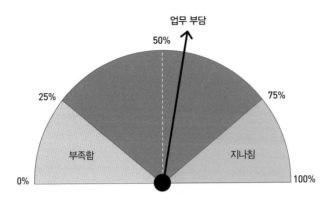

업무 부담 정도 가늠하기

해도 해도 줄어드는 것 같지 않은 업무와 의무는 당신을 미치게 한다. 마침내 자신이 쓸 수 있는 에너지보다 스트레스가 더 커지면 당신은 극도로 피로한 상태에 빠진다.

그런 일을 예방하기 위해서는 두 가지 방법이 있다. 업무량을 줄이거나 혹은 에너지 배터리를 주기적으로 충전해서 업무 능률을 높이고 업무 부담에 대한 회복력을 키워야 한다. 좀 더 자세히 살펴보자.

과중된 업무 줄여나가기

지금 맡고 있는 업무를 모두 적어 목록을 만들어보자. 그 목록에서 어떤 업무를 제일 먼저 없앨 수 있을지 판단하기 위해서는 스스로에게 다음 질문을 던져보라.

◇ 내가 3개월 간 휴직한다면 이 업무는 어떻게 될까? 이 업무에 내가 정말로 없어서는 안 될 사람인가?

◇ 이 업무가 나를 미치게 하는 건 내가 이 업무를 싫어해서인가 아니면 단순히 잘할 수 없어서인가?

◇ 이 업무를 더 잘 처리할 수 있는 사람이 있을까?

◇ 이 업무에 시간이 오래 걸리는 건 내가 서툴러서일까? 따로 공부를 하거나 교육을 받을 필요가 있을까?

업무 부담을 낮추기로 결심했다면 흘러가도 될 일은 흘러가게 내버려두자. 그 외에 충분히 나눠서 할 수 있는 업무에 대해서는 관계자들과 솔직하게 터놓고 이야기를 나누어야 한다. "제가 맡은 업무와 책임들을 혼자 감당하기가 어려워졌어요. 그래서 그중 일부는 지금 상태에서 중단하고 여러분과 나누고 싶습니다."

지나친 부담의 원인은 대부분 직장이다. 상사가 당신이 해낼 수 있는 것보다 더 많은 일을 주고 압박하면서 업무 부담을 견디도록 요구한다면 그 상황에서 이렇게 말하기는 물론 어렵다. "저기 부장님, 그건 안 됩니다. 더는 못해요. 다른 사람하고 제 업무를 나눠주세요." 그런 경우에 당신이 시도할 수 있는 방법은 다양하다.

◇ 그냥 계속 일하며 누군가 당신의 노고를 알아주기를 기대한다. 병이 나고 완전히 미쳐버릴 수도 있다. 하지만 만성 피로를 치료하는 좋은 병원들이 있다.

◇ 상사에게 면담을 요청해서 아무것도 바뀌지 않으면 사표를 내거나 규정 대로만 일하겠다고 통보한다.

◇ 근로자협의회나 노조에 건의하고 지나치게 많은 업무에 함께 맞설 사내 저항세력을 조직한다.

◇ 상사가 압박하려 하면 무시하고 당신은 실제 규정에 따라 일하면서 무덤 덤하게 대응한다.

◇ 월급이 적더라도 업무가 더 적은 직장을 구한다.

◇ 사표를 내고 더 좋은 직장이 나타나기를 기다린다. 몸과 마음의 건강을 위태롭게 하느니 새로운 직장을 구할 때까지 불안정한 과도기를 조금 견 딘다.

지나치게 많은 업무량에 대처하기 위해 위에 적힌 모든 것을 할 수 있다. 그리고 마침내 다음과 같은 질문에 이른다. 내게는 무엇이 가장 중요한가? 편안하게 지내는 것? 걱정을 피하는 것? 안정적으로 사는 것? 아니면 건강과 영혼의 치유?

회복탄력성을 높이는 방법 4가지

앞에서 언급한 것 외에 다른 방법은 업무 부담에 대한 당신 자체의 회복탄력성을 높이는 것이다. 같은 시간에 더 효율적으로 일하기 위해 우리가 할 수 있는 일은 많다.

1. 더도 말고 규칙적인 운동

아무리 강조해도 지나치지 않은 첫 번째. 스트레스를 줄이고 업무 부담을 더 잘 감당하기 위해 제일 간단하고 효과적인 방법은 규칙적으로 운동하기다. 산책하기, 도보 여행하기, 걷기, 조깅하기, 자전거 타기, 수영하기 등.

그런 운동을 일주일에 3번 하면 신체 건강뿐 아니라 정신 건강에도 좋다. 체육관에 가거나 요가를 하거나 테니스나 축구를 해도 된다. 요점은 규칙적인 운동이다. 여기에서는 규칙성이 운동의 강도보다 중요하다. 즉 매일 20분 동안 산책하는 것이 한 달에 한 번 3시간 동안 달리는 것보다 더 유익하다.

2. 일상을 채우는 마음 챙김

규칙적으로 마음 챙김을 훈련하는 것도 똑같이 스트레스와 업무 부담을 다루는 데 도움이 된다. 명상도 좋고 스트레칭이나 호흡 연습도 좋다. 지금 이 순간에 집중한 채 잠시 여기에 머무는 것은 스트레스를 줄여준다.

효과가 충분히 입증되어 신뢰할 수 있는 프로그램으로 8주짜리 '마음 챙김에 근거한 스트레스 완화(MBSR) 과정'이 있다. 자율 훈련법(자기 암시, 자기 최면 등으로 스트레스를 푸는 훈련 - 옮긴이)도 업무 부담에 대한 회복력을 높이는 데 좋다. 요가나 태극권 또한 온 정신을 집중해서 훈련한다면 마음 챙김 연습이 될 수 있다. 중요한 점은 운동할 때와 똑같다. 규칙적으로, 즉 일주일에 적어도 2, 3번 혹은 그 이상 수련해야만 도움이 된다.

3. 쓸데없는 걱정은 덜어내고 머릿속 비우기

다소 예민한 사람이어서 근심걱정이 많다면, 머릿속 생각만으로 많은 스트레스가 생겨난다. 그럴 경우 머릿속에서 정신적 부담을 주기적으로 덜어내는 것이 유익하다.

많은 사람에게 효과가 나타난 연습은 특정 형태의 일기를 쓰는 것이다. 매일 한 번 자리를 잡고 앉아서 (아침이 제일 좋다) 다음 질문에 대한 답을 적어라. "지금 내게 부담을 주는 것은 무엇인가? 무엇이 걱정스러운가? 무엇이 두려운가? 무엇에 몰두하고 있는가?" 당신의 생각을 적어라. 규칙은 필요 없다. 머릿속에 떠오르는 것을 그대로 적으면 된다.

4. '그것은 ······라는 뜻이다' 기법

단순하고 얕은 생각만 적지 않기 위해 '그것은 ······라는 뜻이다' 기법을 이용할 수 있다. 과정은 다음과 같다. 한 문장을 적은 다음 문장 뒤에 '그것은 ······라는 뜻이다'를 적는다. 당신에게 정신적 부담이나 스트레스를 주는 그 일이 어떤 (부정적) 결과를 낼 것 같은지 적는다.

회사에 구조 조정이 있을 것 같다. 그것은······

◇ 내가 직장을 잃을 수도 있다는 뜻이다.

◇ 조만간 소득이 없어질 수도 있다는 뜻이다.

◇ 새로운 회사에 지원해야 하고 채용을 거부당할지도 모른다는 뜻이다.

◇ 난생처음 실업자가 될 수도 있다는 뜻이다.

보다시피 '그것은 ······라는 뜻이다' 기법을 이용하면 자신의 생각 속으로 더 깊이 들어갈 수 있고 내면에 숨은 걱정과 불안까지 이해하게 된다.

당신에게 부담을 주는 것을 다 적었다면 이제 두 번째 단계로 넘어간다. 건설적이고 희망차고 긍정적인 마인드셋을 연습하는 것이다. 태도는 생각의 영향을 받는다. 이를테면 인생은 결국 좋은 쪽으로 흘러가게 되어 있다, 하나의 문이 닫히면 다른 문이 열리게 마련이다, 헤매는 길까지가 모두 나의 경험이다 등등.

이런 태도를 확실하게 내 것으로 만들려면 여러 번 '그것은 ……라는 뜻이다' 기법을 연습해야 한다. 더 자주 시도할수록 더 익숙해지고 자연스럽게 이루어질 것이다.

긍정적인 마인드셋을 갖추었다면 방금 적은 생각에 대해 다음 질문들을 던져보라. "이 일의 어느 부분에 기회가 있는가? 이 일에서 어떤 좋은 결과가 나올 수 있을까? 이 일은 나를 얼마나 더 강하게 만들까? 3년 후 나는 지금 일어난 모든 일을 다행으로 여길지도 모른다. 왜일까?"

기본적으로 아무리 힘든 상황에서도 밝은 쪽으로 눈을 돌리려고 노력하는 것이 중요하다. 긍정적 관점이 당신의 내면에 회복탄력성을 만들어낸다. 회복탄력성이 있다면 힘든 상황을 훨씬 더 잘 이겨낼 수 있다. 도움이 되는 글귀를 또박또박 쪽지에 써서 자주 지나다니는 곳에 걸어두는 것도 좋다. 예를 들어 다음과 같은 글을 써넣을 수 있을 것이다.

"모든 일은 결국 좋은 쪽으로 흘러간다."

"모든 고난에는 기회와 선물이 담겨 있다."

"어떤 일에서든 무언가를 배울 수 있다.

고통스러운 경험에서조차."

"헤매는 만큼이 나의 땅이다."

마지막으로 제2 마음 습관에 익숙해지기 위한 몇 가지 질문을 다시 소개한다. 매일 자신에게 이러한 질문들을 던지고 머릿속에 떠오르는 답변에 귀를 기울여라.

(?) Question

◇ 내게 자유로운 공간과 시간이 충분한가? 아니면 업무에 압도당한 상태인가?

◇ 나를 대신할 사람은 없고, 나만이 그 업무를 책임질 수 있다고 생각하는가?

◇ 정말로 할 일이 너무 많은 건가 아니면 단지 업무를 제대로 해내지 못하는 건가?

◇ 중요하지 않은 일들에 신경 쓰느라 너무 많은 시간을 낭비하는가?

◇ 좋아하지 않는 일과 할 수 없는 일도 거절하기가 어려운가? 이미 너무 많은 업무를 맡고 있으면서도 거절하기가 힘든가?

3 | 결정을 내리기 어렵다면 인생에 퀘스트가 없다는 뜻이다

너무 많은 퀘스트를 갖고 있는 것은 우리를 미치게 한다. 하지만 퀘스트가 너무 적은 상태도 미치게 한다. 인간에게는 인생의 의미, 스스로 실현해낼 무언가가 필요하기 때문이다. 우리에게는 자신이 필요한 존재 혹은 없어서는 안 될 존재라는 느낌이 필요하다. 무언가 의미 있는 일을 하고 싶어 한다. (실제로 해낼 수 있는지와는 별개로.)

그래서 놀랍게도 당신이 퀘스트를 갖고 있지 않으면 삶이 당신을 위해 퀘스트를 찾아낸다. 문제나 갈등, 때로는 질병의 형태로. 또한 어떤 주제나 퀘스트를 위해 열정을 불태우는 사람들은 이웃이 소란을 피워도 좀처럼 화를 내지 않는다. 그들은 더 중요한 일에 몰두해 있기 때문이다. 따라서 미치지 않기 위해, 쓸모없는 일에 에너지를 낭비하지 않기 위해 우리에게는 퀘스트가 필요하다.

하지만 일상 업무를 해치우는 것이 퀘스트라고 착각해서는 안 된다. 자신에게 무의미한 일을 하는 것 또한 퀘스트가 아니다. 새로운 신발이나 스마트폰을 알아보는 것도 마찬가지다. 인생의 퀘스트를 생각할 때는 마음속 깊이 자신의 존재가 무언가에 의미 있다는 느낌이 든다. 이 세상과 삶에서 당신이 채우고 싶고 채울 수 있는 어떤 자리가 있다는 느낌이 든다.

퀘스트는 다음 3가지 접근법에 따라 방향을 잡을 수 있다.

보살핌: 이웃이나 가족 등 타인을 돕는다. 타인을 위해 존재한다. 어떤 식으로든 타인의 삶을 나아지게 한다. 도와주고 조언하고 지지하고 신경 쓴다. 혹은 동물을 돌본다. 여기에서 중요한 요소는 보살핌이다.

목표: 무언가를 이루고 싶다. 어떤 목표에 몰두해서 그것을 성취하기 위해 노력한다. 공동체나 조직, 기업에서 그 공동체의 목표를 위해 열심히 일한다. 혹은 자신의 개인적인 목표를 위해 노력한다. 중요한 것은 자신의 열정과 창의력을 쏟을 수 있는 목표다.

주제: 어떤 주제, 취미, 전문분야를 위해 열정을 불태운다. 그 부분에 대해 훤히 알고 있다. 이 주제에 대해 즐겨 이야기한다. 관련된 책을 즐겨 읽는다. 이 주제로 성취감이 들고, 당신의 퀘스트가 이 주제와 연관이 있다.

한 퀘스트에서 접근법이 겹치는 경우도 자주 있다. '환경보호'라는 주제를 위해 열정을 불태우고 그와 관련된 개인적인 목표를 이루고 싶어 하는 때처럼 말이다.

많은 사람은 이런 마인드셋을 무겁고 어렵게 생각한다. "인생의 퀘스트를 정하는 건 내게 아주 큰일이야. 벌써 정하고 싶지 않아."라고 말할 수도 있다. 전혀 그럴 필요 없다. 시간이 흐르면서 퀘스트는 바뀔 수 있다. 당신은 연봉이 얼마가 될 때까지는 지금 회사를 다닌다는 퀘스트를 정했다. 그리고 나서는 다음 퀘스트로 캠핑카를 사서 세계 일주를 떠날 수도 있다.

퀘스트는 그저 질문에 대한 답변일 뿐이다. "내 인생에서 중요한 것은 무엇인가? 내가 받아들이고 싶은 역할은 무엇인가? 이곳에서 내가 해야 하는 일은 무엇인가?"

퀘스트는 삶의 의미와 방향 그리고 생각할 거리를 제공한다. 퀘스트는 매우 단순하고 현실적이어도 된다. 반드시 세상을 구하거나 암 치료제를 개발해야 하는 것은 아니다. 아이들에게 동화를 들려주거나 다른 사람들에게 당신이 살고 있는 도시를 알릴 수도 있다.

이미 말했듯이 퀘스트는 아주 다양한 형태와 범위를 가질 수 있다. 전 세계를 구하고 싶어 하는 사람이 있는가 하면 정원을 아기자기하게 가꾸는 일에 만족하는 사람도 있다. "나는 내 가족이 모두 제대로 보살핌을 받고 있는지 신경 써."라고 말하는 사람이 있는 반면, 다른 이는 자기계발에 몰두하며 점점 더 침착하고 강해지는 것을 좋아한다. 이 외에도 '회사에는 내가 필요해. 매달 꼬박꼬박 월급을 송금하는 게 나니까.' 혹은 '축구가 너무 좋아. 내가 가진 좋은 추억들은 모두 축구나 축구 모임에 얽혀 있어.' 혹은 '유튜브 채널로 사람들을 채식주의에 친숙해지게 하고 싶어.' 같은 퀘스트들이 있다.

퀘스트가 어떤 모습이어야 하는지 확고한 규칙은 없다. 하지만 대개 창의적 활동인 경우가 많다. 혹은 당신 자신이나 타인을 위해 흥미로운 경험을 만들어내는 것과도 관련이 있다.

일반적으로 퀘스트는 미래지향적이고 우리에게 아이디어, 계획, 소망 같은 가능성을 제공한다. 퀘스트를 깨나가면서 우리는 일상생활 너머의, 단순히 기분전환이나 흥미 이상의 무언가를 얻는다. 행동하고 경험하면서 굳어 있던 생각을 순환하게 할 수 있다. 그것은 좋은 일이다. 뇌는 할 일이 주어지지 않으면 아무 생각도 하지 않는다.

나만의 퀘스트를 찾는 질문들

앞부분을 읽고 이미 인생의 현 단계에서 자신의 퀘스트가 무엇인지 깨달았을 수도 있다. 아직 아니라면 다음 질문들을 살펴보면서 찬찬히 다시 생각해보자. 단서를 얻을 수 있을 것이다.

◇ 나는 누구를 돕고 싶은가? 타인을 위해 무엇을 하고 싶은가?

◇ 내가 정말로 즐기는 것은 무엇인가? 무엇을 위해 열정을 불태우는가?

◇ 인생의 현 단계에서 무엇이 중요할까? 무엇을 목표로 삼고 싶은가?

◇ 내게 정말로 중요한 것이 무엇이고 그것을 어떻게 퀘스트로 만들 수 있을까?

◇ 어떤 특성을 강화하고 키워야 하는가?

◇ 어떤 주제에 관심이 많은가?

◇ 어떤 역할을 맡고 싶은가?

모든 질문에 명확히 답할 필요는 없다. 대다수의 질문에서 아무런 답을 얻지 못해도 괜찮다. 마음에 무언가를 불러일으키는 질문만 건져올리자. 오랜 시간에 걸쳐 여러 차례 그 질문을 이리저리 따져보아야 한다.

가끔 질문을 가지고 자연으로 나가는 것도 도움이 된다. 바다로, 산으로, 숲으로. 그런 다음 무의식에서 무언가가 떠올라 갑자기 깨달음을 얻을 때까지 생각을 비우고 조용히 기다려보라. 명심하라. 퀘스트가 없는 상태도 당신을 미치게 한다. 그렇기 때문에 인생의 현 단계에서 당신의 자리와 퀘스트를 찾아내는 것이 중요하다.

여기에 다시 당신의 원칙을 굳게 할 질문 몇 가지가 나온다. 이 질문들을 매일 이용하면 삶에서 제3 마음 습관을 강화할 수 있다. 스스로 이 질문들을 던져서 퀘스트에 대한 당신의 관심을 점검해보라.

(?) Question

◇ 현재 나의 시간과 생각을 가장 많이 차지하는 것은 무엇인가? 그것은 내 퀘스트인가?

◇ 나를 더 강하고 행복하게 하는 퀘스트를 갖고 있는가?

◇ 나는 대체로 만족스럽고 의미 있는 인생을 살고 있는가?

◇ 아니면 부담스러운 책임이나 하기 싫은 업무를 처리하느라 바쁜가?

◇ 지금 나에게 맞는 자리를 찾았다는 느낌이 드는가?

4 | 세상을 있는 그대로 바라본다

우리가 살고 있는 지구의 상황 역시 우리를 미치게 한다. 뉴스를 듣다 보면 어느새 세상의 종말이 머지 않았다는 인상을 받는다. 곳곳에 전쟁이 나고 굶주림과 가난이 존재한다. 여전히 독재자와 대중의 인기에 영합하려는 정치인이 자신들의 권력을 파렴치하게 이용한다. 기후 위기와 바이러스 문제도 있다. 그야말로 절망적이다.

특히 소셜미디어를 이용해 뉴스를 접할 때 부정적 인상이 훨씬 더 강해진다. 소셜미디어에서 소비되는 정보들은 출처가 명확하지 않으며 사실과 주관적 의견의 구분이 매우 불분명하기 때문이다. 수많은 가짜 정보와 음모론이 인터넷을 통해 떠돌아다닌다. 이익집단들은 의도적으로 왜곡되고 자극적인 뉴스를 계속 업로드한다. 이런 뉴스가 사람들의 뇌리에 박히기를 희망하면서.

소셜미디어의 가장 부정적인 영향은 자신과 비슷한 의견을 공유하는 사람들의 정보만 얻게 된다는 것이다. 지인과 친구들의 정보도 마찬가지다. 더는 반론이나 다른 관점, 찬반양론이 존재하지 않는다. 그러다 보면 금세 극단적 태도가 생겨난다. 결국, 세상은 근본적으로 타락했고 점점 더 나빠지고만 있다고 생각하게 된다.

모든 게 예전이 더 좋았다고 느끼게 된다. 하지만 그건 잘못된 판단이다.

그렇다. 세상은 완벽하지 않다. 사회적인 문제와 사람들에게 분노를 일으킬 법한 일들은 곳곳에 존재한다. 누구나 당장 그 자리에서 그런 것들에 대해 끝도 없이 적을 수 있을 것이다. 하지만 반대로 세상의 진보와 긍정적 발전에 대해서도 똑같이 긴 목록을 작성할 수 있을까?

사실 지난 50년 간 세상은 아주 많은 긍정적 발전을 이루었다. 유엔과 세계은행 자료를 살펴보면 1900년에 40퍼센트였던 전 세계 유아사망률은 현재 4퍼센트로 줄었다. 전기와 깨끗한 식수의 공급이 점차 늘고 있고 평균수명도 꾸준히 높아지고 있다. 미성년자 노동이 크게 줄었고 많은 바이러스 질병이 예방주사를 통해 완전히 퇴치되었다. 전 세계에서 영양실조에 걸린 사람 수도 크게 감소했다. 긍정적 예를 몇 가지만 들어본 것이다.

그런데도 우리 머릿속에서 세상은 왠지 점점 더 나빠진다. 국제기구의 공식자료와 통계는 그와 정반대로 나타나는데도 불구하고. 이 점에 대해 더 알고 싶은 사람은 스웨덴의 한스 로슬링이 쓴 책《팩트풀니스》를 읽어볼 것을 추천한다.

대체 어쩌다 다들 세상이 점점 더 나빠지고 있다는 잘못된 판단에 이르게 된 것일까?

매체도 거기에 일정 부분 책임이 있다. 확실히 부정적인 뉴스가 긍정적인 뉴스보다 더 많이 보도된다. 외진 지역에서 일어난

칼부림은 전국적으로 보도될 가능성이 크지만, 내가 사는 지역에서 무료로 아이들의 숙제를 도와주는 자원봉사자에 관한 이야기는 보도되지 않는다. 긍정적 사회 분위기를 만들어내는 보도, 예를 들어 몇 년 전부터 세계의 문맹률이 점점 감소하고 있다는 보도는 한 번 언급된 뒤 잊히는 데 반해 범죄에 대한 보도는 반복해서 상세히 묘사된다. 솔직히 말해서 부정적인 뉴스가 더 잘 팔리기 때문이다.

매체는 세상의 모습을 왜곡해서 보여준다. 이런 현상은 소셜미디어에서 훨씬 더 심하다. 대체 누가 훈훈한 미담을 공유하는가? 반대로 최근 열애설의 숨겨진 이야기, 자극적 영상 등은 기꺼이 돌려본다. 친구들의 관심을 기대하면서.

매체뿐만 아니라 우리의 뇌도 이런 잘못된 판단을 선호한다. 인간의 뇌가 자극적인 상황을 좋아한다고 말할 수도 있겠다. 우리는 긍정적 보도보다 부정적 보도에 확실히 더 강하게 반응한다. 이를 심리학자들은 부정성 효과라고 부른다.

긍정적 소식을 들으면 금방 지루해진다. 그 소식이 우리와 딱히 관련이 없는 경우에는 특히 더 그렇다. 우리는 무의식적으로 흥분할 수 있는 일, 화낼 수 있는 일을 계속해서 찾는다. 그런 일들은 자극적인 상황과 흑백논리에 대한 우리의 욕구를 충족해준다. 왜 그럴까?

우리는 나쁜 소식을 좋아한다. 아무래도 유전자의 일부분인 것 같다.

그런 상황은 우리의 주의를 자기 자신에서 다른 쪽으로 돌려놓기 때문이다. 우리 삶에 존재하는 여러 가지 문제들을 잠시 잊게 한다. 나쁜 소식은 우리가 그런 나쁜 상황에 처하지 않아 다행이라는 안도감을 준다. 끔찍한 사건사고나 정치인의 위법 행위에 정신을 빼앗긴 동안, 우리는 자신의 문제를 외면하게 된다.

세상의 나쁘고 어두운 면에 몰두하여 세계를 실제보다 더 부정적으로 평가하는 경향 또한 우리를 미치게 한다. 세상은 근심과 고통으로 가득 찬 불공평하고 나쁜 곳이며 우리는 그에 대해 아무것도 할 수 없으리라는 좌절감이 들기 때문이다.

물론 문제도 많고 개선이 필요한 부분도 많다. 잔인함과 부조리가 존재하며 어떤 사람은 타인의 희생을 밟고 부자가 되기도 한다. 하지만 분명 세상에는 좋은 일도 많다. 서로 돕는 사람들, 구호단체, 세상이 나아지길 바라며 기부금을 보내는 자선가 등등. 세상은 나쁘면서 동시에 좋다. 나쁘기만 한 것은 아니다.

지난 수십 년간의 발전을 살펴보면 과거의 많은 애로사항이 개선되었다는 사실을 알 수 있다. 인류가 똘똘 뭉쳐서 있는 힘껏 노력하고 있다. 세상은 더 나빠지는 것이 아니라 대체적으로 더 좋아지고 있다. 우리가 원하는 만큼의 속도는 아니어도. 하지만 일상에서는 이 사실을 알아차릴 수 없다. 수많은 개별적 나쁜 소식에 너무 몰두해 있기 때문이다. 제4 마음 습관 '세상을 있는 그대로 바라본다'가 필요한 것도 그 때문이다.

당신이 얻은 정보를 검열하라

이럴 때 미치지 않기 위해 추천할 만한 방법은 나쁜 소식을 그대로 받아들이기 전에 먼저 사실을 수집하는 것이다.

당신은 제대로 알지도 못하는 일에 대해 얼마나 자주 화를 내는가? 자신의 의견을 정하기 전에 내가 들은 이야기가 사실인지 확인하고 다른 의견과 주장을 수집하는 경우는 드물다. 신문기사 하나, 친구에게 전해들은 소식만으로 벌써 노발대발하고 불안해하고 비난의 화살을 던지는 때가 많다. 사실 출처도 분명하지 않고 평가할 수 있는 근거가 전혀 없는데도 불구하고.

명심하라. 미치고 싶지 않다면 귀에 들리는 모든 것을 믿어서는 안 된다. 나쁜 소식을 들을 때마다 다음과 같은 말을 되뇌어보자.

◇ 아직 어떻게 된 일인지 모르겠어.
◇ 더 정보가 필요해.
◇ 전체 맥락을 이해하지 못했어.
◇ 아직 그게 실제로 무슨 의미인지 평가하기에는 일러.
◇ 정말로 그렇다면 그건 좋은 일이 아니야. 하지만 그런지 아닌지 나는 확신할 수 없어.

아는 게 없다는 사실을 인정하면 많은 일에 대해 더는 화를 낼 필요가 없어진다. 그건 좋은 일이다. 제1 마음 습관 '영향을 미칠 수 있는 일에 집중한다'와도 관련된다.

슬슬 눈치 챘을까? 나쁜 소식은 대부분 우리 삶에 직접적으로 영향을 미치지 않는다. 대다수의 불만사항은 우리의 영향력 범위에서 멀리 벗어나 있다. 그런데도 사람들은 철저히 정보를 수집해야 한다고 생각한다. 예를 들어 다음 선거에서 최선의 결정을 내리기 위해 후보들에 대한 모든 정보를 모으겠다고 단언한다. 그에 대해 두 가지 의견이 있다.

1. 적극적으로 찾아보지 않더라도, 전파가 터지지 않는 숲속에서 살지 않는 한 중요한 일은 어차피 알게 된다. 친구나 주위 사람들이 말해줄 것이다. 꼭 알아야 하는 일, 당신에게 의미를 지닌 일은 일상생활에서 주워듣게 마련이다.
2. 모든 문제들을 잘 알고 있다고 해서 세상이 실제로 나아질까? 더 좋은 세상을 만들기 위해 당신이 무언가를 해야 하는가? 다음 선거를 위해 정말로 이 모든 소식이 필요할까?

미치지 않기 위한 제4 마음 습관은 '세상을 있는 그대로 바라본다'이다. 좋은 결정을 내리려면 정보를 수집해야 한다. 하지만 뉴스, 그중에서도 부정적 뉴스를 흥미로운 오락거리로 여겨서는 안 된다.

인간에게는 정보가 필요하다. 태풍이 몰려오는데 모르고 있어서는 안 된다. 하지만 지난 수년 간 정보를 제공하는 일은 통제에서 완전히 벗어나버렸다. 우리는 밀려드는 뉴스와 정보로 정신을 못 차릴 지경에 처했다. 게다가 그런 뉴스의 대부분은 우리가 굳이 알 필요가 없는 부정적 내용을 담고 있다.

그렇기 때문에 좋은 일과 좋은 발전으로도 자꾸 주의를 돌려 스스로 머릿속에서 균형을 맞추어야 한다. 그래야 세상이 나쁘기만 하고 점점 더 나빠진다는 인상을 받지 않을 수 있다.

당신에게 필요한 것은 세상에 대한 성숙하고 편견 없는 시선이다. 그런 관점은 대략 다음과 같다.

그래, 세상에는 불행,

불공평, 나쁜 사람이 많이 있어.

하지만 이 지구상에는 단결, 협동, 선한 사람들,

옳은 방향을 향한 진보, 행복도 많아.

늘 나쁜 면만 보는 것은 틀림없이 당신을 미치게 할 뿐 아니라 우울하고 힘겹게 만든다. 다음 질문들을 이용해 세상을 바라보는 당신의 시선을 점검해보라.

> **? Question**
>
> ◇ 세상의 수많은 사건사고, 문제들에 매번 분노하는가?
>
> ◇ 소셜미디어에서 공유된 정보를 바탕으로 의견을 정하는가?
>
> ◇ 뉴스를 보는 데 하루에 시간을 얼마나 투자하는가?
>
> ◇ 뉴스의 헤드라인만 보는가 아니면 기사 내용까지 꼼꼼히 읽는가?
>
> ◇ 세상이 긍정적으로 발전하고 있다는 정보에 관심이 있는가?
>
> ◇ 석 달 동안 모든 뉴스를 차단하면 인간관계와 직장생활, 정신 건강에 어떤 영향을 미칠까?
>
> ◇ 석 달 동안 모든 뉴스를 차단할 경우, 세계정세에 어떤 영향이 미칠까?
>
> ◇ 내가 모든 사회 문제에 대해 깊이 관여하면 세상이 더 좋아질까?

5 | 인생은 좋지만도, 그렇다고 나쁘지만도 않다

알다시피 비관주의자는 실패를 예상하고 낙천주의자는 모든 것이 잘 되리라는 가정 하에 행동한다. 미래를 내다볼 수 있는 사람은 아무도 없기 때문에 둘 다 옳다고는 할 수 없다. 하지만 낙천주의자가 인생을 더 많이 즐기는 것은 분명하다. 좋든 싫든 우리의 사고방식은 태도에 영향을 미치기 때문이다. 이것은 피할 수 없는 사실이다.

우리 내면에 강한 영향을 미치고 스스로를 옥죄는 압박과 스트레스에 큰 효과가 있는 마음 습관이 하나 더 있다. 인생의 불완전한 면이나 내가 가지지 못한 것에 더 초점을 맞추는지, 아니면 이미 올바른 방향으로 흘러가고 있는 것이나 감사하게 여기는 것들로 눈길을 더 자주 돌리는지 살펴보는 것이다.

모든 인생에는 좋은 일과 그렇지 않은 일이 있다.
좋은 일은 다음과 같다.

◇   나의 장점
◇   우리가 누리는 특권

◇ 성과와 성공

◇ 재미있었던 모험

◇ 주위에 전해야 하는 좋은 이야기

◇ 중요한 소장품

◇ 아름다운 추억

◇ 계획과 희망과 꿈

◇ 어떤 프로젝트에서 성장하고 배운 경험

◇ 어떤 일을 겪으며 얻은 교훈

좋지 않은 일은 다음과 같다.

◇ 실패

◇ 절대 이루어질 수 없는 (혹은 그렇게 보이는) 동경과 꿈

◇ 약점, 한계, 부족

◇ 현실적 문제

◇ 머릿속에만 존재하는 문제

◇ 놓아 보낼 수 없거나 놓아 보낼 마음이 없는 과거의 상처

차분히 인정하자. 살면서 대개 좋지 않은 일에 눈길을 주기가 더 쉽다. 그런 일은 머릿속에 더 잘 기억된다.

좋은 일은 익숙하고 당연하게 여겨지는 반면, 좋지 않은 일은 아무리 시간이 흘러도 우리 머릿속을 헤집고 다닌다. 머릿속의 목소리가 당신을 괴롭히는 악마에 과감히 맞서야 한다고 주장할 수도 있다. 억누르고 무시하는 것은 장기적으로 좋은 방법이 아니라면서.

당신의 인생에 들이닥친 별로 반갑지 않은 문제를 처리하고 싶다면, 다음과 같이 해보라. 당신의 걱정, 약점, 부담스러운 기억 따위를 모두 끄집어낸 다음 사고력을 깨워 성숙하고 맑은 정신 상태로 들어가라. 이제 그 문제점에 대해 다음 질문들을 던져보라. 답은 직접 손으로 적어도 좋고 머릿속으로 생각해도 좋다.

◇ 이 일은 실체가 있는가 아니면 머릿속에만 존재하는가?

◇ 내가 무언가를 바꿀 수 있는가?

◇ 무언가를 바꿔야 할 만큼 내게 중요한 일인가?

◇ 무언가를 바꿀 수 있고 바꾸고 싶다면, 정확히 무엇을 언제까지 할 것인가?

◇ 내가 바꿀 수 없고 바꾸고 싶지도 않다면, 계속 그 일을 붙잡고 있는 것만으로 무언가 달라질까?

◇ 내가 그 일을 해결하면 세상이 어떤 방식으로든 개선될까?

◇ 이 불청객이 내 삶에 존재한다는 사실을 받아들이면 어떻게 될까?

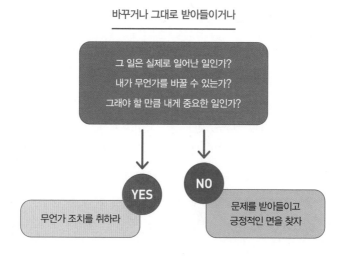

바꾸거나 그대로 받아들이거나

그 일은 실제로 일어난 일인가?
내가 무언가를 바꿀 수 있는가?
그래야 할 만큼 내게 중요한 일인가?

YES

NO

무언가 조치를 취하라

문제를 받아들이고 긍정적인 면을 찾자

이런 질문들을 던지면 당신의 삶에 지우고 싶던 문제를 건설적이고 해결 지향적으로 처리할 수 있다. 예민하게 자신을 괴롭히며 같은 생각을 되풀이하는 대신 건전하고 낙천적인 방식으로.

이 질문들은 당신의 약점을 보완하는 데 도움이 된다. 질문에 대한 답을 찾으면서 자기 마음을 다독이고 결론을 찾아내는 능력을 갖추면 자신에게 실질적으로 도움이 되는 일에 더 많은 시간을 사용할 수 있다.

당신을 괴롭히는 악마와 싸울 때마다 잊지 말아야 할 점은 인생에는 좋은 것들도 있다는 사실이다. 그런 것들은 조용하고 눈에 띄지 않고 긍정적이다. 잘할 수 있는 일, 타인에 비해 특권을 가진 부분, 친구와 가족과 지인 간의 좋은 관계, 원만한 직장생활, 당신이 소유하고 있고 중요시하는 것, 당신을 기쁘게 하는 것, 당신이 즐기는 활동 등.

우리는 그런 것들을 등한시할 때가 많다. 무언가의 가치를 인정하고 고마움을 느끼는 것은 살면서 거칠어진 영혼을 치유하는 데 중요한 역할을 한다. 당신의 삶에 존재하는 좋은 것은 모두 당신에게 기쁨과 힘을 주고 당신이 미치지 않도록 돕는다. 따라서 자꾸 의식적으로 삶의 좋은 것들에 초점을 맞출 필요가 있다. 좋은 것의 가치를 인정하면 당신은 돈 한 푼 들이지 않고 쉽게 스스로 강해질 수 있다.

이때 장밋빛 색안경을 쓰거나 현실을 착각해선 안 된다. 잘 풀리지 않는 일을 애써 외면하라는 것이 아니다. 현실적인 문제가 내 영향력 범위에 있다면 그 문제를 해결해야 한다. 당신의 약점이 정말로 당신에게 해가 된다면 그에 대한 조치를 마련해야 한다. 하지만 매일 당신의 삶에 존재하는 좋은 것들의 가치를 인정하고 그것을 고마운 마음으로 바라보는 것도 똑같이 중요하다.

매일 고맙다고 말하기

가치를 인정하는 것은 아주 간단하다. 그냥 당신이 가지고 있는 것에 대해 고맙다고 말하라. 자주, 매일.

"내 삶에서 사라진다면 아쉬울 만한 것들은 무엇일까?"

떠오르는 모든 답변에 대해 고맙다고 말하라.

"나는 무엇을 잘할 수 있는가? 어떤 면에서 다른 사람들보다 나은가? 나의 강점은 어디에 있는가?"

과거에 그 능력이나 재능을 강화하고 개발한 것에 고맙다고 말하라.

"다행히 나에게 없는 단점은 무엇인가?"

나에게 그런 단점이 없어서 고맙다고 말하라.

당신의 삶에 존재하는 어둡고 부족한 부분을 억지로 부인하고 떨쳐버릴 필요는 없다. 하지만 좋고 아름다운 부분을 감추어서도 안 된다. 마음의 손전등을 내 안의 좋고 올바른 것들 쪽으로 자주 비추어라. 그것들에 대한 감사와 존중 속에 내일을 살아갈 힘과 평화가 깃들어 있다. 감사와 존중은 당신이 미치지 않도록 도움을 준다.

당신이 감사하는 일은 무엇인가? 다음 질문들을 이용해 곰곰이 생각해보라.

Question

◇ 다른 사람에 비해 내가 특권을 지녔다는 점을 인정하는가?

◇ 내가 가지지 못한 것을 생각하는 것과 내가 가지고 있는 것을 생각하는 것, 둘 중 무엇이 내 정신 건강에 더 유익할까?

◇ 나는 현재 상태로 충분히 만족하는가 아니면 더 많이 무언가를 개선해야 하는가?

◇ 내가 바꿀 수 없거나 바꿀 마음이 없는, 삶의 좋지 않은 것들을 받아들였는가?

◇ 고맙게 생각하는 것 50가지를 당장 적을 수 있는가?

6 | 내 기분은 내 책임이다

세상과 세상에서 일어나는 모든 일에 대해 당신은 자주 절망할 것이다. 하지만 실제로 우리를 미치게 하는 것은 보통 저 바깥에 있는 현실이 아니라 그 현실에 대한 우리의 지극히 개인적인 해석이다. 우리의 감정과 생각이 현실에 대한 대응으로 발전하는 것이다.

예를 들어 회사에서 누군가 당신을 험담했다. 그에 당신은 다음 4가지로 반응할 수 있다.

반응 1: 당신은 그 이야기를 듣고 마음이 혼란스럽다. 몹시 화가 난다. 괴롭다. 실망스럽다. 동료에게 복수하고 싶다. 나한테 왜! 그 동료는 아주 안하무인인 사람이다. 출세밖에 모르는 멍청이다. 부디 동료가 말한 것을 상사가 알게 되지 않기를 바란다. 그 소문이 당신의 커리어를 망칠지도 모른다는 생각에 불안해한다.

반응 2: 하지만 아무도 당신에게 그 사실을 말해주지 않았다. 당신은 아주 편안한 상태다. 오늘 아침에 먹은 멋진 아침식사를 떠올린다. 곧 있을 휴가를 고대한다. 사실 당신이 아주 편안한 것은 무슨 일이 벌어졌는지 당신만 모르고 있기 때문이다. 가끔은 모르는 게 약이다.

반응 3: 그 이야기를 듣고 우선 자신에게 몇 가지 질문을 던진다. 일단 반응하기를 보류하고 그 일에 대해 곰곰이 생각해본다.

◇ 누가 그 장면을 목격했는가? 출처는 믿을 만한가? 내가 직접 확인할 수 있나? 과장된 부분은 없는가?

◇ 그것은 특별한 일인가 아니면 어느 회사에서든 일어나는 일인가?

◇ 나도 동료와 이야기하며 누군가를 헐뜯은 적이 있나?

◇ 그 일이 내 경력을 해칠까 아니면 아무런 영향도 미치지 않을까?

◇ 화내고 복수하고 실망하는 것이 이 일에 도움이 될까?

반응 4: 당신은 그 이야기를 듣고 동료에게 해명을 요구한다. 모든 것이 단지 오해였던 것으로 밝혀진다. 게다가 이야기의 내용이 사무실 사람들의 입을 거치며 조금씩 달라지면서 반대로 변해버렸다. 사실, 그 동료는 당신을 칭찬하려는 의도였다.

위의 내용은 당신이 무언가를 듣거나 봤을 때 절대로 확신해서는 안 된다는 것을 보여주는 사례다. 우리는 무언가를 완전히 잘못 해석하는 경우가 많다. 혹은 누군가에게 들은 말이 아예 틀린 정보일 수도 있다. 사실과 아무 관련 없는 의미를 추론해낼 때도 가끔 있다. 미치지 않으려면 우리는 늘 이런 가능성들을 염두에 두어야 한다.

보통 우리를 미치게 하는 것이 바깥세상에서 벌어지는 일인 경우는 드물다. 우리를 미치게 하는 것은 그 일에 대한 우리의 대응방식이다. 그리고 그것은 우리가 어떤 상황에 무슨 의미를 부여하느냐에 달려 있다.

방금 들었던 예를 한 번 더 생각해보자. 어느 동료 직원이 당신을 험담했다고 누군가가 당신에게 전한다. 이 소문에 대해 분노하고 불안해졌다면 소문이 진실인지 아닌지는 중요하지 않다. 오직 당신이 소문을 어떻게 평가하고 어떤 의미로 믿는지가 중요하다. 그럴 때 머릿속에서는 다음 3단계를 거친다.

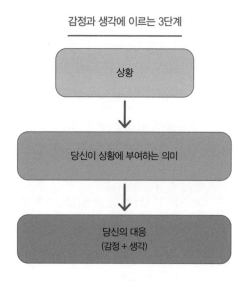

감정과 생각에 이르는 3단계

상황

↓

당신이 상황에 부여하는 의미

↓

당신의 대응
(감정 + 생각)

3단계는 눈 깜짝할 사이에 이루어진다. 상황에 대해 의식적 고찰은 이루어지지 않는다. 당신은 이성을 사용하지 않고 무의식적으로 상황을 간략히 파악한 다음 경험한 일을 마음속 서랍에 분류해 넣는다. 그리고 특정한 의미가 적힌 라벨을 붙인다. '내게 피해를 줄 것이다.' '위험하다.' '경계해야 한다.'

우리는 과거에 비슷한 경험에서 비슷한 의미를 익혔고 누적되는 의미를 계속해서 첨가한다. 의미가 잘못되고 건설적이지 않은데도 불구하고. 하지만 일단 첫 번째 도미노 조각이 넘어지면 재앙은 자연스레 벌어지기 마련이다.

상황에 부여하는 의미가 달라지면 그 상황이 어떻게 달리 보이는지 살펴보자.

상황은 똑같다. 어떤 동료 직원이 당신을 험담했다고 누군가가 당신에게 이야기해준다. 하지만 이제 그 말을 듣고 불안하거나 기만당했다는 느낌을 받지 않고 '그럴 수도 있지. 나도 사람들에 대해 험담을 한 적이 있는걸. 우리는 모두 완벽하지 않으니까.'라고 생각하면 당신의 대응은 아주 다르게 나타난다. 당신은 침착함을 유지한 채 정신적 안정과 공감을 느끼게 될 것이다.

이 개념을 완전히 이해했다면 당신은 아주 큰 자유를 얻은 셈이다. 자신이 상황에 무의식적으로 부여한 의미에 브레이크를 걸어 그 근거를 묻고 바꿀 수 있기 때문이다. 당신의 마음을 차분하고 편안하게 하는 의미들이 있는 반면, 당신을 미치게 하는 의미들도 있다. 어떤 의미는 당신의 발전에 도움이 되고 다른 의미는 당신을 절망하게 한다. 대다수의 경우, 상황에 의미를 부여하는 것은 옳고 그름의 문제라기보다 오히려 관점과 취향의 문제.

문제는 곧 기회나 시험, 훈련이나 도전이다. 직장을 잃는 것은 새로운 시작, 경고 신호, 도약을 의미할 수도 있다. 누군가가 당신을 퉁명스럽게 대한다면 그것은 그에게 안 좋은 일이 있었다는 표시일 뿐이다.

삶의 모든 것을 새롭게 해석할 필요는 없다. 다음 사항들을 깨달았다면 그것으로 충분하다.

◇ 당신이 상황에 부여하는 의미는 당신의 머릿속에서 생겨난다.
◇ 같은 상황을 두고 사람들은 각각 다른 의미를 부여한다. 그들의 의미도 당신의 의미만큼 적절하거나 타당하다.
◇ 같은 상황에 대해서도 스트레스를 주고 몹시 화나게 하는 의미가 있는 반면, 차분하고 편안하게 대응할 수 있는 의미가 있다.

제6 마음 습관은 '내 기분은 내 책임이다'이다. 물론 사건과 상황에 의미를 부여하는 일은 이미 말했듯이 무의식적으로 순식간에 일어나기 때문에 통제하기 어렵다. 나중에 당신의 머릿속에서 어떤 과정이 일어났는지 인지하고 그것을 의도적이고 주의 깊게 관찰할 수 있을 뿐이다.

그럴 때 흔히 당신은 화가 나거나 스트레스를 받는다고 느낀다. 이 느낌은 방금 무의식적으로 상황 → 의미 → 대응으로 이루어진 3단계를 다시 실행했다는 것을 알리는 신호다. 신호를 알아차렸다면 다음과 같이 자문해보라.

◇ 지금 일어난 사건은 무엇인가?

◇ 나는 그 일에 어떤 의미를 부여했는가?

◇ 그 일에 대해 내 몸은 어떻게 반응하는가?

이처럼 의도적으로 관찰해서 다음 번에는 진행 속도를 약간 늦출 수 있다. 이런 식의 관찰을 충분히 자주 반복하면 어느 순간 당신은 자신이 처한 상황에서 다음과 같이 깨닫는다. '아이고, 방금 또 부정적인 생각이 들었어. 이건 아주 해롭고 내게 스트레스만 주는 생각이야. 그 일에 다른 의미를 부여해볼 수 있을 거야. 이를테면…….'

그것을 해낼 수 있다면 당신은 큰 자유를 얻은 셈이다. 당신 그리고 당신의 영혼을 치유하는 데 유용한 의미를 스스로의 의지에 따라 고를 수 있기 때문이다.

의지에 따라 의미를 고르기 위해 할 수 있는 일이 하나 더 있다. 당신에게 부정적 영향을 주는 전형적이거나 반복적인 상황들에 대해 미리 새롭고 더 좋은 의미를 정해두는 것이다. 좋은 의미는 확고하고 긍정적인 반응을 북돋운다. 그런 반응으로는 희망, 사랑, 성장, 분별력, 공감, 공정, 발전, 관용, 평화, 화해 등이 있다.

상황이나 사건에 대한 긍정적 의미를 찾기 위해 당신은 자신에게 다음과 같은 질문을 던져볼 수 있다.

◇ 이 일은 내가 성장하고 더 강해지는 데 어떤 도움이 되는가?

◇ 이 일은 내가 발전하는 데 얼마만큼 영향을 미칠 수 있는가?

◇ 이 일을 계기로 내게 어떤 가능성과 기회가 생길까?

◇ 나중에 내가 이 일을 다행으로 여긴다면 그 이유는 무엇일까?

◇ 제3자는 이 상황을 어떻게 평가할까?

◇ 관대하고 현명하고 논리적인 사람은 이 상황을 어떻게 평가할까?

◇ 상황을 건설적으로 처리하려면 어떤 의미를 부여해야 할까?

◇ 내 마음이 평안해지려면 이 일을 어떤 식으로 생각해야 할까?

이런 질문을 이용해서 삶의 근본적 개념에 새로운 의미를 부여하는 것도 유익하다. 힘든 상황에는 돈, 사람, 우정 같은 근본적 개념이 늘 관련되어 있다. 불쾌한 상황에도 마찬가지다. 질문의 도움을 받아 그런 상황들에 대해 새롭고 그럴듯한 의미를 생각해낼 수 있다.

아직 받아들이지 못한 힘든 사건이 있다면 그것에 대해 어떤 새로운 의미를 부여할 수 있을지 깊이 생각해보라. 돈은 인간의 가장 추악한 면을 끄집어낸다. 하지만 가끔 절호의 기회를 만들어내기도 하고 위기를 좀 더 쉽게 극복하는 데 도움이 되기도 한다.

좋은 의미는 당신을 더 약하게 만드는 것이 아니라 더 강하게 만든다. 당신은 어느 쪽으로든 생각할 수 있다. 상황에 건설적이고 너그럽고 해결지향적인 의미를 부여한다면 상황은 더 좋아질 것이다.

상황이 벌어지자마자 눈 깜짝할 사이에 붙어버리는 의미는 도대체 어디에서 오는 것일까?

의미는 우리 안에서 언젠가 무의식적으로 생겨났다. 주로 유년기에 교육과 경험, 주변 사람들을 통해서. 하지만 이미 말했듯이 의미는 진실하지도 건설적이지도 않을 때가 많다. 주변에서 모든 사람이 남자와 여자는 원래 서로 잘 맞지 않는다고 이야기하고 우리가 어느 순간 이 신념을 받아들였다면, 나중에 대인관계에서 생기는 어려운 상황에 이 의미를 부여할 가능성이 크다. 따라서 차분하고 편안하고 긍정적인 마음으로 세상을 바라보고 싶다면 의식적으로 더 좋고 현명한 의미를 생각해내야 한다.

스스로 무의식을 이겨내는 연습

물론 새로운 의미는 생각해내는 것만으로 무의식적 과정의 일부가 되지는 않는다. 상황에 지금 당장 새로운 의미를 부여하기로 계획하고 결정하는 건 쉬운 일이 아니다. '오늘부터 나는 내게 불친절한 사람들을 코치로 여길 거야. 침착함을 가르치는 코치. 그리고 침착해지기 위한 나의 훈련을 도와준 것에 대해 마음속으로 그들에게 감사할 거야.' 안타깝게도 그런 결심은 통하지 않는다. 보통 오래되고 무의식적인 의미가 더 빠르고 강하기 때문이다.

"오늘부터 나는 달라질 거야."라고 혼잣말하는 것은 좋은 의도지만, 대개 아무것도 바꾸지 못한다. 더 좋은 방법은 기존의 의미와 새로운 의미를 자주 나란히 놓고 비교하는 것이다.

사람들이 당신에게 불친절한 경우, 당신은 다음과 같이 혼잣말한다. "불친절한 사람들은 존중하는 태도를 보이지 않아. 하지만 그들은 나를 존중해야 해." 새로운 의미는 다음과 같을 수 있다. "남들이 그런 태도를 갖는 건 나와 아무 상관도 없어. 그 사람에게 오늘 뭐 좋지 않은 일이 있었나보지. 남이 나를 친절하게 대하든 불친절하게 대하든 그건 나의 인간적 가치와 아무 상관없어."

알겠는가? 두 가지 의미를 나란히 놓고 머릿속으로 그것들을 잠깐 생각해보는 것이다. 어떤 의미가 더 당신을 편안하게 하는지 스스로 물어보라. 어떤 의미가 당신의 삶을 더 단순하고 아름답게 만드는지, 어떤 의미에 더 자주 미소 지을 수 있는지도. 이제 그 의미를 선택하면 된다.

누군가가 불친절한 태도를 보일 경우 당신이 생각해낸 새로운 의미에 따라 대응하는 것을 상상해보라. 오래된 의미가 무의식적으로 풀려나오더라도 중립적이고 호의적으로 받아들여라. '이런, 내가 또 오래된 의미를 떠올리고 있었네. 그 일에 새로운 의미를 부여했다면 좋았을 텐데. 한 번 더 시도해봐야지.'

상대와 함께 무의식을 이겨내는 연습

정말로 진지하게 훈련하고자 한다면, 친한 사람과 역할극을 하며 연습하는 것도 가능하다. "나를 불친절하게 대해봐. 그럼 거기에 맞춰서 내가 어떤 새로운 의미를 부여하는지 보여줄게."

의미를 바꾸는 것은 하나의 과정이다. 성공하기까지 시간이 조금 걸릴 것이다. 바꾸는 것이 비교적 쉬운 의미도 있고 어려운 의미도 있다. 여기에서 제일 중요한 점은 자기 자신에게

> 업무와 일상에 편안한 의미를 부여하면 삶도 편안해진다.

친절하고 너그러운 태도를 유지하는 것이다. 다시 예전의 의미를 떠올려도 자신을 탓해서는 안 된다. 변화는 훈련을 필요로 한다는 사실을 늘 명심하라.

의미를 바꾸는 것이 어렵다면 당신이 실패에 부여하는 의미를 다시 생각해볼 수 있다. 실패하는 것은 어리석다는 표시인가? 화

를 돋우는 신호인가? 아니면 실패는 그저 한 번 더 혹은 여러 번 더 시도해야 한다는 신호인가? 포기해서는 안 된다는 신호인가? 계속 훈련하고 연습해야 한다는 신호인가?

더 좋은 의미를 찾을 때도 위험요소가 있다. 상황이 당신에게 객관적으로 정말 해로울 때, 상황에 새로운 의미를 부여하는 것은 위험하다. 그런 경우에는 무언가를 좋게 해석하면 안 된다. 여기에 절대로 좋게 해석해서는 안 되는 전형적인 문제점 몇 가지를 소개한다.

◇ 직장에서 정말로 업무가 과도한 경우

◇ 따돌림을 당하는 경우

◇ 친구가 받기만 하고 무언가를 주는 법이 전혀 없는 경우

◇ 정신적으로 우울한 상태가 아주 오래 지속된 경우

◇ 악의적인 사람과 관계를 맺으며 지내는 경우

◇ 배우자가 부정을 저지르는 경우

◇ 폭력을 당하는 경우

◇ 몸에 이상이 나타나는 경우

나쁜 상황을 좋게 해석하다 보면 힘든 상황도 계속 참고 견디게 된다. 당신은 이 위험을 자각해야 한다. 의미를 부여하는 일에 능숙해지면 실제로 바꿔야 하는 좋지 않은 상황을 견디는 일에도 더 능숙해지기 때문이다. 즉 당신은 위험신호를 무시하는 일에도 더 능숙해진다.

따라서 언제나 상황에 부여하는 의미를 최대한 뚜렷이 의식하고 주의 깊게 다루면서 다음과 같이 스스로 물어보는 것이 중요하다. 지금 상황에서 희망회로를 돌리는 것이 적절한가? 아니면 절대 나아지지 않을 상황이고 이에 대한 구체적인 변화와 결단이 필요한가?

그것은 곧 당신이 어려운 이야기를 나누어야 한다는 것을, 결과를 통보하고 경우에 따라 그 결과를 실행에 옮겨야 한다는 뜻일 수 있다. 혹은 힘든 결정을 내려야 할 수도 있다.

다음 질문들을 활용해서 당신이 지금까지 생활 속 의미들을 어떻게 다루어왔는지 검토해보라.

? Question

◇ 상황에 부여하는 의미를 확신하기까지 얼마만큼 고민하는가?

◇ 스스로 진실을 잘 가려낸다고 생각하는가?

◇ 상황에 부여하는 의미들은 긍정적 에너지를 만들어내는가? 아니면 도리어 스트레스와 분노를 일으키는가?

◇ 내 감정이 상황의 결과 혹은 상황에 대한 나의 해석이라고 믿는가?

◇ 힘든데도 긍정적으로 해석하며 견디고 있는 상황이 있다면, 그 상황은 무엇인가?

---

7 | 부정적인 감정과 생각은 흘려보낸다

살아 있다면 감정을 느끼게 마련이다. 그것은 아주 정상적인 현상이다. 분노, 열정, 불안, 애정, 슬픔, 기쁨, 지루함, 욕망, 수치심 등 감정은 매우 다양하다.

보통 이런 감정은 외부 사건에 대한 반응에서 생겨난다. 누군가가 뚱뚱한 사람들을 언급하면 당신은 수치심을 느낀다. 당신도 약간 뚱뚱하다고 생각하기 때문이다. 딸이 현관문을 열어둔 것을 보면 화가 난다. 문을 닫아야 한다고 벌써 수없이 아이에게 말했기 때문이다. 친구의 생일파티에 초대받지 못했다는 사실이 당신을 우울하게 한다. 주변 친구들이 벌써 몇 주 전부터 그 이야기만 하고 있기 때문이다.

우리를 불행하고 미치게 하는 감정이 있는 반면에, 내면을 강하고 저항력 있고 침착하게 만드는 감정도 있다.

감정은 내면에서 생겨나기도 한다. 그럴 때는 그냥 뚜렷한 이유 없이 피곤하거나 마음이 내키지 않거나 불안하거나 신경이 곤두선다. 혹은 반대로 즐겁고 의욕적이고 자신감 있고 차분한 느낌이 들기도 한다.

감정은 우리 존재의 본질적 부분이다. 불쑥 솟아오르는 감정은 막을 수도 없고 통제할 수도 없다. 우리가 할 수 있는 일은 다양한 방식으로 감정을 다스리는 것뿐이다. 안타깝게도 학교에서는 우리 안에 매일 생겨나는 이런 생각과 감정을 어떻게 다루어야 하는지 가르쳐주지 않는다.

항상 기분 좋고 긍정적인 사람 되기?

우선 널리 퍼져 있는 문제점부터 시작해보자. 사람들은 대개 늘 행복하고 긍정적이고 빈틈없는 상태이길 바란다. 행복을 지위의 상징 같은 것으로 여기기도 한다. 기분 좋고 긍정적이고 낙관적인 상태로 있는 것은 멋진 일이다. 하지만 늘 그런 상태로 있어야 한다고 고집하는 것은 우리를 미치게 한다.

이런 사고방식은 특히 자기계발 분야에서 흔히 나타난다. 자기계발 분야에서는 행복감과 낙천적 태도, 긍정적 삶을 최고 목표로 규정한다. 그 목표를 달성할 수 있는 가이드도 늘 함께 제공된다. 우울하거나 언짢은 사람은 상황을 자신의 탓으로 돌리며 "가이드대로 안 해서 그렇잖아."라고 말한다.

하지만 늘 기분 좋은 상태이기를 바라는 것은 비현실적이다. 행복은 수많은 내부 및 외부 요인에 달려 있다. 날씨, 환경, 호르몬 변화, 그날의 기분, 무엇을 먹었는지, 잠을 어떻게 잤는지 등등.

이런 요인들을 감안하고도 늘 행복하기를 바란다면 당신은 숨을 헐떡이며 달성할 수 없는 목표를 좇아야 한다. 그럼 자연스럽게 불행하거나 언짢거나 화가 나는 상태에 매몰된다. 당신은 곧바로 자신을 무능하다고 느끼며 이 '부정적' 감정을 억누르려고 노력한다. 아무래도 그것은 행복과는 거리가 멀기 때문이다.

감정을 다루는 방법 중 적잖이 문제가 되는 방법 하나는 감정을 여과 없이 내보이는 것이다. 화가 나면 화났다는 티를 내고, 흥분하면 그 일에 대해 이야기하는 것을 멈추지 않는다. 불길한 예감이 드는 일을 피하고 반대로 좋은 예감이 들면 그것 자체가 충분한 근거가 된다. 이제 진실에는 관심이 없어진다.

자신의 감정에 고스란히 이끌리는 사람들은 대개 충동적이고 다혈질이다. 쾌활하고 즉흥적이면서 걱정도 많고 크게 실망하고 변덕이 심한 경우가 많다. 그들은 감정에 녹아든다. 그들이 곧 분노가 되고 불안이 되고 기쁨이 된다. 그들은 순간적으로 생겨나는 정체성에 따라 행동한다. 그러면 미쳐버리기 쉽다.

자신의 감정과 긍정적 관계를 맺는 것은 멋진 일이다. 반면에 자기감정을 너무 심각하게 받아들이고 그것을 행동의 지표로 삼는 것은 오히려 위험하다. 감정은 종잡을 수 없기 때문이다. 감정은 당신이 인지할 새도 없이 빠르게 오고 간다. 이미 말했듯이 감정은 우리가 생각해내는 의미(제6 마음 습관 '내 기분은 내 책임이다' 참조), 수면의 질, 지난주 어느 동료 직원의 말 등 수많은 요인에 의존한다.

직감과 이성, 그리고 시간이 함께할 때 좋은 결정이 나온다. 직감을 믿어서는 안 된다는 것이 아니다. 직감은 이성이 볼 수 없는 것을 암시하는 경우가 많다. 반대로 이성 역시 직감이 볼 수 없거나 보려 하지 않는 중요한 암시를 제공한다.

따라서 '감정에 휘둘리는 사람은 언젠가 미치게 된다.'는 사실

을 거듭 기억해 완전히 ·몸에 익히는 것이 중요하다. 그래야 기분
에 휩쓸리지 않고 여유롭게 살아갈 수 있다.

감정을 다루는 가장 좋은 방법은 감정을 인정하는 것이다. 즐거
운 감정과 불쾌한 감정 모두 자신의 감정임을 인정하고 받아들여
라. 감정이 거기에 있다는 사실을 받아들여라. 감정에 빠져들지 말
고 감정을 즉각 대응하기 위한 계기로 삼지도 마라. 감정을 인지하
고 고개를 끄덕여 다정히 인사를 건넨 다음 가만히 내버려두자.

감정은 이따금 우리에게 "더 천천히 해." "뭘 좀 먹어야 해." "잠
깐, 그건 위험해!" 같은 중요한 메시지를 전한다. 하지만 갑작스럽
고 제멋대로일 때도 많다. 감정에 늘 깊은 의미가 담겨 있는 것은
아니다.

따라서 언제나 이성도 함께 이용하는 것이 중요하다. 이성으로
감정을 관찰하고 인지하고 바라보라. 어떤 특정한 감정이 며칠 후
에도 사라지지 않는다면 그때 천천히 어떤 조치를 취할지 숙고하
면 된다.

감정을 인정하고 다정한 인사로 맞이하면 감정은 대부분 금방
다시 사라진다. 감정을 향해 이렇게 말해보라. "안녕! 네가 보여.
네가 느껴져. 잠시 그대로
머물렀다 다시 가도 돼. 웬
만해선 너 때문에 무언가
를 시도하거나 행동하거
나 바꿀 필요가 전혀 없다는 사실을 알고 있거든."

**감정을 다루는 가장 좋은 방법은
너무 심각하게 받아들이지 않는 것이다.
떨쳐내려 애쓰지도 부정하지도 말고
그냥 거기에 있도록 내버려둬야 한다.**

좋지 않은 감정은 개미와 비슷하다. 하나는 괜찮다. 하지만 그

것들이 무리를 지어 부엌을 가로지르는 긴 줄을 형성했다면 그때가 바로 무언가 조치를 취할 시점이다.

생각에도 똑같은 원칙이 적용된다. 우리의 뇌는 하루 종일 홀로 다음과 같은 것들을 생각한다.

평가: '내 직장 동료는 멍청한 소리만 해.' '정치인은 모두 썩었어.' '그렇게 말했는데도 남편이 또 변기 뚜껑을 올려놨네, 바보인가.'

비교: '쳇, 사람들은 나보다 저 친구를 더 좋아해.' '저 사람이 나보다 돈을 더 많이 벌다니 불공평해.'

의심: '언젠가 세계를 여행할 수 있을 만큼 충분한 돈을 모을 수 있을까?' '이 회사에 지원해야 하나 말아야 하나. 떨어질 것 같은데.'

걱정: '내가 첫 번째 구조조정 대상이 될까 봐 걱정돼.' '아이가 나쁜 친구를 사귄 것 같아.'

보복: '저 여자가 나를 속였으니 저 여자 재산을 거덜내버리겠어.'

자기 비하: '나는 뚱뚱한 것 같아.' '나는 뭐 하나 제대로 해내는 게 없어.'

욕구: '휴가가 절실히 필요해.' '지금 담배를 피워야겠어.'

소망: '나는 좋은 엄마가 되어야 해.' '내가 겁먹었다는 사실을 상대가 알아차려서는 안 돼.'

보통 이런 종류의 생각들은 자동적으로 떠오른다. 요구하지 않았는데도 무의식이 그런 생각들을 뱉어낸다. 그것은 정신이 나누는 끊임없는 잡담과도 같다. 잡담은 머릿속에서 아침부터 밤까지 이루어진다. 불교에서는 이런 잡담을 원숭이처럼 날뛰는 정신이라고 부른다. 원숭이가 나뭇가지 사이로 이리저리 뛰어다니듯 흔히 우리 정신도 다양한 주제들 사이를 이리저리 빠르게 뛰어다니기 때문이다.

그렇게 무의식적으로 떠오르는 생각에 대해 반드시 이해하고 주의해야 하는 점은 그런 생각이 늘 옳지는 않다는 사실이다. 우리의 뇌는 부모님에게 배운 표현 혹은 우리를 둘러싸고 있는 수많은 광고 메시지에서 언뜻 들은 표현만을 반복하는 경우가 많다. 무의식적으로 떠오르는 생각은 지나가는 것들에 자주 의미를 부여한다. 당신도 알다시피 그런 의미는 대개 적절하지도 않고 어떤 식으로도 도움이 되지 않는다.

사람들은 대개 자신의 생각이 쓸모없고 늘 옳지는 않다는 사실을 쉽게 이해하지 못한다. 일부 사람들은 자신의 세계관과 생각이 현실을 있는 그대로 반영한다고 믿고 싶어 한다. 그래야 방향을 잃지 않았다고 느끼며 안정감을 얻기 때문이다.

심리학자들은 확증편향을 우리 의식 속에 자리하는 하나의 심리작용으로 기술한다. 이 심리작용의 영향을 받으면, 습득한 정보를 자동적으로 자신의 세계관에 일치하도록 자체 해석한다. 자신의 관점과 대립하거나 자신의 관점을 부정하는 정보를 얻으면 무시하거나 배제한다.

예를 들어 모든 정치인은 범죄자라고 생각하는 사람이 있다. 어느 날 시장이 도시에 도움이 되는 정책을 제안했다. 그럼 그는 이렇게 생각한다. '무언가 꿍꿍이가 있어서 저러는 거야.'

확증편향을 갖고 있으면 비현실적인 세계관조차 필사적으로 옹호하게 되는 경우가 많다. 그런 현상은 우리가 알아차릴 새도 없이 무의식적으로 일어난다.

오해하지 말자. 우리의 사고능력은 매우 유용하다. 문제를 해결하고 우리를 더 행복하게 하는 목표를 고르고 계획을 더 잘 실행하도록 돕는다. 미리 가능성을 따져보고 나면 더 현명한 결정을 내리게 된다. 새로운 것을 배우거나 경험을 돌아볼 수도 있다.

그런 순간에 우리는 이성을 대개 의도적으로 이용한다. 자리에 앉아 다음과 같이 곰곰이 생각한다. '어떤 일이 나에게 맞을까? 어떤 가능성이 내 강점과 취향에 맞을까? 본래 내 강점과 취향은 무엇인가?' 간단히 말해서, 우리는 자신에게 좋은 질문을 던지고 이성을 통해 현명한 답을 찾는다. 여기에서 우리의 생각은 유익하고 쓸모 있다.

하지만 그냥 정처 없이, 아무런 제약 없이 생각이 떠오르게 내버려두면 그것은 정신이 나누는 잡담이 된다. 이 점을 기억한다면 무의식적으로 떠오르는 불안이나 혐오, 걱정을 대부분 흘려보낼 수 있을 것이다.

하루 종일 무의식적으로 떠오르는 생각에 대해 우리가 바꿀 수 있는 방법은 많지 않다. 명상을 제외하고. 명상의 핵심은 정신을 차분히 가라앉히고 머릿속의 잡담을 멈추는 것에 있다. 하지만 무의식적으로 떠오르는 생각을 알아차리면 명상 없이도 그런 생각에 어떻게 대응할지 결정할 수 있다.

'나는 너무 뚱뚱해.' '저 여자가 또 나를 그런 시선으로 쳐다보면 한마디 해줄 거야.' '내 일이 싫어.' 이런 생각이 떠올랐다면 한 걸음 물러나 다음과 같이 자신에게 물어볼 수 있다. '나는 내 생각이 언제나 옳지는 않다는 사실을 알고 있나?' '지금 이것은 쓸모 있는 생각인가?' '이 생각은 내게 도움이 되나? 내가 사랑하는 이들의 삶이나 세상에는?'

당신의 생각이 현실적이고 쓸모 있는 것 같다면 계속 이어가거나 어딘가에 적어두어야 한다. 그렇지 않은 경우에는 그저 떨쳐버리면 된다. 생각을 모두 심각하게 받아들일 필요는 없다. 때로는 그저 아기의 옹알이라고 취급하라. 아기는 아직 말하는 법을 익히지 못해서 그냥 소리만 낸다. 생각을 거부하지 말고 거기에 있게 내버려두라. 하지만 너무 많이 주의를 기울이지는 마라.

무언가를 구체적으로 다룰 때, 당신은 이성을 이용해서 어떤 주제에 대해 특정한 질문을 던지고 답을 찾을 수 있다. 즉 의도적으로 깊이 생각할 수 있다.

제7 마음 습관 '부정적인 감정과 생각은 흘려보낸다'를 익히지 않으면 당신은 금세 미쳐버릴 것이다. 감정에 휘둘리지 않고 내 인생을 주도적으로 살고 싶다면

조금 떨어진 거리에서 관찰하여 생각이 당신에게 미치는 영향력을 빼앗아야 한다.

생각과 감정에 적절한 거리를 두어야 한다.

마지막으로 당신이 자신의 생각과 감정을 어떻게 다루는지 검

토하기 위해 다음 질문들을 던져보라.

Question

◇ 나는 이성적인 사람인가, 감성적인 사람인가?

◇ 나는 내 감정을 잘 마주하는가?

◇ 나는 자주 감정에 휩쓸리는가?

◇ 나는 타협할 마음 없는 견해와 신념을 갖고 있는가?

◇ 나는 내 견해에 의문을 제기할 준비가 되어 있는가?

8 | 진정한 행복은
지금 여기에서 생겨난다

인간은 의식을 이용해서 다양한 시간에 머물 수 있다. 과거로 가서 좋았던 옛 시절을 생각한다. 흘러간 사랑에 눈물짓는다. 자신이 겪은 부당한 일에 대해 화를 낸다. 혹은 무언가에 대해 죄책감을 느낀다.

의식을 이용해 미래로도 이동할 수 있다. 부서의 내년 예산을 짜야 할 때, 다음 주에 발표를 해야 해서 두려울 때, 여행 계획을 짜거나 나중을 대비해 적금을 들 때가 그런 경우다.

의식을 이용해 현재에 머물 수도 있다. 현재에 머물 때 우리는 순간을 즐긴다. 온전히 집중해서 음악을 듣는다. 좋아하는 음식을 즐긴다. 명상하거나 숲속을 걷는다. 새가 지저귀는 소리에 귀 기울이고 숲 향기를 깊이 들이마신다.

당신의 생각이 어느 시간에서 떠도는지 주의를 기울여라. 길을 잘못 들어섰다면 살며시 현재로 되돌아와라.

시간 영역 사이를 이동하는 것은 제각각 장점과 단점을 갖고 있다. 당신은 모든 시간 영역에서 행복이나 불행을 경험할 수 있다. 이동한 시간 영역이 당신에게 이로울 수도 있고 당신을 미치게 할 수도 있다.

따라서 과거와 현재와 미래를 될 수 있는 대로 능숙하고 의식적으로 다루는 법을 배워야 한다. 여기에서는 그것이 어떻게 가능한지 알려준다.

과거의 기쁨과 슬픔

과거로 돌아가 아름다운 순간을 회상하고 빛나는 순간을 한 번 더 경험하는 것은 매우 기분 좋은 일이다. 지금도 되풀이하고 싶을 만큼 가치 있는 경험이 무엇인지 스스로 물어볼 수도 있다. 예전에 거둔 성공 중에 지금도 다시 축하할 만한 성공은 무엇인가? 당신이 저질렀던 실수 중에 다시는 저지르고 싶지 않은 실수는 무엇인가? 당신이 내렸던 잘못된 결정 중에 무언가 중요한 교훈을 주었던 결정은 무엇인가?

그에 반해 바람직하지 않은 경우도 있다. 더는 바꿀 수 없는 과거의 일을 원망한다. 과거에 자신에게 부당한 일을 저지른 사람을 용서할 수 없다. 현재를 훨씬 더 좋았던 (것 같은) 과거와 비교하고 이제는 모든 것이 망가졌다며 분개한다.

과거에서 쓸모 있는 것들만 현재로 가져와라. 이를테면 아름다운 추억, 예전의 경험 중 현재에 이용할 수 있는 것들. 미치고 싶지 않다면 그밖에 다른 것들은 가만히 두는 편이 낫다. 당신의 삶을 망치지 않도록 그것들을 놓아 보내고 차단하는 연습을 하라.

미래의 기쁨과 슬픔

미래로 가는 여행에도 아름다운 측면과 덜 아름다운 측면이 있을 수 있다. 미래를 위해 계획을 짜는 것은 매우 즐거운 일이다. '무엇이 나를 행복하게 하는가?' '미래에 행복하기 위해 지금 할 수 있는 일은 뭘까?' 물론 예상이 빗나가는 경우에는 기대가 클수록 실망도 크게 마련이다. 고대하던 휴가가 취소되는 때처럼. 따라서 미래는 불확실하다는 점을 의식하는 것이 좋다.

그래서 상황이 부정적으로 발전할 것을 예상하여 대비해야 한다. 이 일은 등한시되는 경우가 많다. 어려울 때를 위해 예비자금을 마련해두는 것, 병을 초기에 발견하기 위해 주기적으로 병원에 가는 것, 현재 기술이 언젠가 더는 필요하지 않게 될 경우를 대비해 새로운 기술을 배우는 것이 바람직하다. 미래를 잘 대비하는 것은 비관적인 태도가 아니라 현실적이고 현명한 태도다.

미래를 대비하는 또 다른 방법은 스토아학파에서 비롯되었다. 나쁜 일이 일어나면 어떻게 행동할지 머릿속으로 상상하는 것이다. 당신이 사고를 당한다. 해고된다. 아내가 당신을 떠나거나 아이가 잘못을 저지른다. 나쁜 일을 상상하는 것에는 다음과 같은 장점이 있다.

◇ 자신이 가진 것을 깨닫고 그것을 더 소중히 여기게 된다.

◇ 곤경에 처하면 어떻게 할지 계획을 갖고 있으므로 미래를 걱정할 필요가 줄어든다. 더 안정적으로 현재를 즐길 수 있다.

◇ 형편이 정말로 나빠질 경우, 정신적으로 준비가 잘 되어 있으므로 상황을 더 효율적으로 처리할 수 있다.

만일의 사태를 잘 대비하는 것은 현재와 미래의 삶에서 우리가 미치지 않도록 보호해준다.

우리는 일어날지도 모르는 최악의 일을 상상하기도 한다. "아이에게 무슨 일이 일어나면 어쩌지?" "내가 병들면 어쩌지?" "발표를 잘 해내지 못하면 어쩌지?"라고 걱정한다. 사람들은 대부분 일어나지 않은 문제에 많은 시간을 빼앗긴다.

불안과 걱정은 본래 좋은 것이다. 불안을 느낀다는 것은 저기에 위험이 있을 것 같으니 조치를 취해야 한다는 사실을 당신이 안다는 뜻이다. 일단 걱정이 들기 시작했다면 당신은 다음 4가지로 반응할 수 있다.

1. 걱정하는 일이 일어나지 않도록 미리 할 수 있는 것을 한다.
2. 걱정하는 일이 일어나는 경우를 상상하며 정신적으로, 물질적으로 단단히 준비한다.
3. 긴장을 풀고 잠시 불안을 받아들이면서 지금 걱정하는 일의 90퍼센트는 실제로 일어나지 않는다는 사실을 인식하며 아무 행동도 하지 않는다.
4. 걱정과 불안에 온 정신을 빼앗긴 채 미쳐버린다.

1번부터 3번까지의 방식은 현명한 선택이다. 그러나 4번처럼 지나치게 많은 걱정과 불안은 우리를 미치게 한다.

미래를 생각할 때 당신을 미치게 하는 또 다른 요인은 당신이 품은 기대와 소망, 꿈이다. 특히 "저 사람이 나에게 반하면 좋겠어." "세계평화를 이루고 싶어." "이 시합에서 무조건 이겨야만 해."처럼 당신이 전혀 영향을 미칠 수 없거나 부분적으로만 영향을 미칠 수 있는 꿈을 꾸고 있다면 더욱 그렇다.

이룰 수 있는 소망과 목표는 당신에게 침착함과 마음의 평화를 준다. 그런 경우, 결과는 당신의 손에 달려 있다. (제1 마음 습관 참조)

상대가 당신에게 반하기를 소망하는 대신, 당신 자신을 사랑하는 법을 배우고 상대에게 당신의 가장 좋은 면을 보여줘라. 세계평화를 소망하는 대신, 가능한 한 주변에 친절을 베풀어라. 시합에서 이기고 싶어 하는 대신, 열심히 훈련하고 최선을 다하는 것을 목표로 삼아라.

스스로 이룰 수 있는 목표와 소망을 가지고 있다면 당신은 무력함을 덜 느끼게 될 것이다. 꿈만 꾸는 일이 줄고 행동하는 일이 늘어나서 성공과 결실을 더 많이 거두게 될 것이다.

세상에 요구하고 소망하는 것들이 우리 손에 달려 있지 않을 경우, 우리는 스트레스를 받는다. 우리를 미치게 하는 데에도 기여한다. 그런 것들은 내버려두고 당신의 힘이 미치는 것만 원하라. 그러면 삶은 훨씬 더 단순해진다.

현재의 기쁨과 슬픔

당신이 유일하게 통제할 수 있는 것은 당신의 현재 행동이다. 어쨌든 과거는 이미 지나갔고 미래는 아직 멀리 있다.

제1 마음 습관 '영향을 미칠 수 있는 일에 집중한다'를 적용하는 것은 현재에서만 가능한 일이다. 생활을 잘 꾸려나가는 일은 현재에 있어야만 가능하다. 스스로 더 행복해지는 일을 하는 것과 자신에게 중요한 일을 처리하는 것도 현재에 있어야만 가능하다.

그런 의미를 담은 표현으로 '진정한 행복은 지금 생겨난다.'라는 말이 있다. 진정한 행복에는 미래와 과거에 관련된 좋은 일들도 포함된다. 아름다운 추억에 잠기는 일, 경험을 되돌아보는 일, 미래를 계획하는 일 등.

현재, 즉 실제 순간에 더 많이 집중할수록 미칠 가능성은 더 적어진다. 왜일까? 미래와 연관이 있는 것(걱정, 기대, 요구)이나 과거와 연관이 있는 것(책임, 원한, 슬픔)은 당신을 미치게 할 가능성이 크기 때문이다. 현재에 온전히 머물면 그런 것들을 훌훌 털어버릴 수 있다. 비율로 바꿔서 생각하면 과거에 10퍼센트, 미래에 10퍼센트, 현재에 80퍼센트의 관심을 기울여라.

실제로 현재에 존재한다는 것은 특히 마음 챙김 및 집중과 관련된다. 마음 챙김은 내가 지금 이 순간을 아주 분명히 인지하고 있다는 것을 뜻한다.

◇ 내가 있는 곳 (새벽 5시에 서재에 앉아 있다. 가족들은 아직 자고 있다.)

◇ 내가 지금 하는 것 (글을 쓴다.)

◇ 내가 지금 생각하는 것 (마음 챙김이라는 주제에 관해 생각한다.)

◇ 내가 느끼는 것 (편안하고 흐뭇하다. 아주 잘 나아가고 있다.)

또한 현재에 존재한다는 것은 지금 닥친 일만 하고 그 일에 모

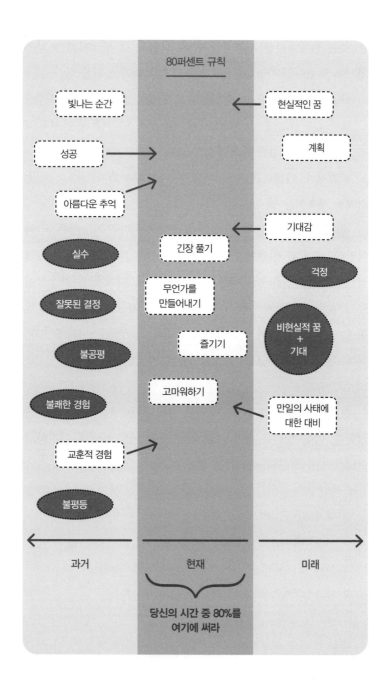

80퍼센트 규칙

빛나는 순간 ← 현실적인 꿈

성공 → 계획

아름다운 추억

기대감 ←

긴장 풀기

실수

잘못된 결정

무언가를 만들어내기

걱정

불공평

즐기기

비현실적 꿈 + 기대

불쾌한 경험

고마워하기 ← 만일의 사태에 대한 대비

교훈적 경험

불평등

과거　　　　현재　　　　미래

당신의 시간 중 80%를 여기에 써라

든 주의를 기울인다는 뜻이다. 내 인생의 퀘스트에 대해서만 깊이 생각하고 10가지 일을 동시에 처리하려고 시도하지 않는다. 청소할 때는 청소만 한다. 그때 걱정되거나 해야 할 일이 떠오른다면, 나중에 따로 시간을 내어 몰두하라. 지금은 지금 하는 일에 생각을 집중하라.

현재에 존재한다는 것은 고요한 상태와 아무것도 하지 않는 상태를 견딘다는 뜻이기도 하다. 우리는 대개 그런 상태를 잘 견딜 수 없다. 원하지 않은 생각과 감정이 금세 생겨나기 때문이다. "아직도 끝내야 할 게 엄청 많아. 일이 밀렸어." "○○을 빨리 처리해야 해." "이 일이 혹은 저 일이 일어나면 어쩌지?"

자신의 불안한 마음을 드러내고 싶지 않을 때 우리는 침묵을 피한다. 하지만 자신 앞에 놓인 길을 명확히 바라보려면 내면을 응시하며 명상하는 시간이 필요하다. 그런 까닭에 사람들은 산티아고 순례길에 오르거나 홀로 바닷가에 앉아 파도를 바라본다.

잠시 침묵을 허락했을 때에만 진짜 자기 자신을 마주하게 된다.

당신이 행복해질 기회를 얻는 것은 현재에 있을 때만 가능하다. 과거도 아니고 미래도 아니고 지금 이 순간에만 가능하다. 나에게 중요한 것을 위해 무언가를 할 수 있는 때는 지금뿐이다. 당신의 퀘스트를 수행할 수 있는 때도 지금뿐이고 고마움을 느낄 수 있는 때도 지금뿐이다.

과거나 미래에서 지나치게 많은 시간을 보낸다면 당신은 미쳐버릴 것이다. 제8 마음 습관의 내용이 '진정한 행복은 지금 여기에서 생겨난다'인 것도 그 때문이다.

마지막으로 자신에게 다음 질문들을 던져보라. 질문을 참고해서 당신이 과거-현재-미래를 합리적이고 유익하게 다루고 있는지, 과거나 미래에 너무 자주 머물러 있는 것은 아닌지 검토할 수 있다. 혹시 그렇다면, 당신은 이제 무엇을 해야 할지 알고 있다.

(?) **Question**

◇ 과거나 현재나 미래 중 어디에 가장 오래 머무는가?

◇ 좋은 추억에 자주 잠기는가? 나쁜 추억에도 자주 잠기는가?

◇ 과거의 일을 마음 편히 받아들이는가?

◇ 걱정을 얼마나 자주 하는가?

◇ 불안은 내 삶에서 어떤 역할을 하는가?

◇ 의식적으로 온전히 지금 이 순간에 머무는 경우가 얼마나 자주 있는가?

◇ 나는 침묵을 견딜 수 있는가?

9 | 인생에서 중요한 것만 남겨둔다

자신의 삶에서 중요한 것을 분명하게 알고 있어야 한다. 당연히 가장 중요한 것은 더욱더 잘 알고 있어야 한다. 언제 누가 불쑥 물어도 "내 삶에서 가장 중요한 것은 마음의 평화와 가족이에요." "내 삶에서 가장 중요한 것은 성공과 돈이에요." "내 삶에서 가장 중요한 것은 다른 이들을 돕고 세상의 고통을 조금이나마 가라앉히는 것이에요."라고 말할 수 있을 정도로.

그것을 마음속으로 뚜렷이 그려보자. 자신에게 무엇이 중요한지 모르면 당신은 바람에 날리는 종잇장과 같다. 어떤 제안을 받아도 언제 승낙하거나 거절해야 할지 모른다. 자신이 무엇을 원하고 필요로 하는지도 모르면서 어떻게 결정을 내리겠는가? 언제 침착함을 유지해야 하고 언제 힘을 내서 투쟁해야 하는지 모른다. 언제 경계를 그어야 하는지, 언제 그만해야 하는지 모른다면 주변 환경에 휘둘리게 된다. 온갖 종류의 유행과 유혹에 민감해진다. 다른 사람들은 당신에게 왜 아직도 '그것'을 하지 않았느냐며 강요할 것이다.

우리는 무수히 많은 가능성을 갖고 있는 시대에 살고 있다. 교육제도가 지금처럼 자유롭게 운영되었던 적은 없었다. 50세에도 새롭게 자신의 진로를 정할 수 있다. 그러기 위해서는 지금 당신에게 무엇이 중요한지 알아야 한다.

자신에게 무엇이 중요한지 알면 세상과 인생을 훨씬 더 명확하게 헤쳐 나갈 수 있다. 자신에게 중요하지 않은 모든 것을 훨씬 더 쉽고 분명하게 거절할 수 있다. 그러다 보면 정말 중요한 일에

인생을 엑스레이로 투시해보면 우리는 금세 중요한 것과 중요하지 않은 것을 구분할 수 있다.

쏟을 시간이 아주 많이 생긴다. 이는 당신 자신뿐 아니라 당신의 주변 환경에도 이득이 된다.

당신의 인생에서 가장 중요한 것이 자유와 협동이라고 가정해보자. 당신은 아침마다 일어나서 스스로 이렇게 묻는다. '나는 자유로운가? 그렇지 않다면, 더 자유로워지기 위해 오늘 무엇을 할 수 있을까?' '서로 도우며 살고 있다고 느끼는가? 그렇지 않다면, 오늘 다른 사람들과 함께 무엇을 할 수 있을까?'

가치는 당신이 가장 잘 살 수 있는 방향으로 이끌어주는 나침반과 같다. 이 나침반을 갖고 있지 않으면 10가지 일을 시작해도 아무것도 끝내지 못한다. 다른 사람의 일로 한참 열을 올리고는 나중에야 그것이 내 일이 아니었다는 사실을 알아차린다.

무엇이 당신의 것인지 모르면 당연히 그렇게 된다. 그런 상태는 당신을 무력하게 하고 힘든 상황에서 당신을 더욱 빨리 미치게 한다. 반면에 확고하고 분명한 가치를 가진 사람은 힘든 상황에서도 쉽게 포기하지 않도록 정신을 꽉 붙잡을 수 있는 무언가를 늘 가지고 있는 셈이다.

인생의 방향을 가치에 맞추면 우리는 그 덕분에 강한 힘과 저항력을 갖게 된다. 당신에게 자신의 가치를 깨달아야 한다는 사실을 강력히 일깨워주고 싶다.

가치란 무엇인가?

가치는 당신의 삶에서 중요한 무언가를 뜻하는 다소 추상적인 개념이다. 자유, 우정, 정의, 배려, 사랑과 유사하다. 가치는 무언가 유용한 것으로 거의 매일 삶에서 중요한 역할을 한다. 숨쉬기, 먹기, 마시기, 비바람을 막아줄 지붕 등은 가치가 아니라 기본적으로 필요한 것에 속한다. 가치는 오히려 비물질적 개념이다.

따라서 단지 '기분이 좋다'면 혹은 그런 특성이 1년에 2번밖에 필요하지 않다면, 그것은 가치가 아니다. 가치는 거의 매일 어떤 의미를 지닌다. 매일 필요로 하는 것, 며칠만 없어도 아쉬워지는 것, 그것이 당신의 삶에서 사라지거나 사라질 위험에 처하면 당신을 궤도에서 완전히 벗어나게 하는 것, 그것 없이는 잘 지낼 수 없고 강한 스트레스를 받게 되는 것. 그런 것만이 진정한 가치다.

자신의 가치를 명확히 알지 못하거나 그 가치에 따라 살지 못하는 것은 흔히 사람들을 미치게 하는 원인이 된다. 자신의 가치를 안다는 것은 자신이 정말로 잘 지내기 위해 필요한 것이 무엇인지 알고 있다는 것을 뜻한다. 힘든 상황에서뿐 아니라 평소와 다를 바 없는 하루에서도.

가치는 우리에게 마음의 평화와 안정, 만족을 선사한다. 가치가 손상되면 우리는 평정을 잃게 된다. '정직'을 자신의 가치로 삼은 사람이 매일 불량품을 팔도록 상사에게 강요받는다면 그 사람은 불행해지거나 병이 날 수도 있다. 자신의 가치를 알고 삶의 방향을 그 가치에 맞추는 것이 매우 중요하다.

이처럼 자신의 가치를 명확히 아는 것은 매우 중요하므로 당신의 인생에 없어서는 안 될 가치를 찾아내는 방법을 중점적으로 다뤄보자. 여기에 매우 다양한 가치가 나열되어 있다.

영감	유머	배우기	영향력
교류	변화	보답	안심
우정	명확성	발전	융통성
집중	희망	교제	마음의 평화
정직	감각	표현	친절
경쟁	치유	책임감	열린 마음
친밀함	행동	존중	상호관계
휴식	정통성	인정	유익함
규칙	관심받기	정의	실용성
아름다움	일관성	신중	보호
받아들임	보안	전환	섹스
정보	고요	개인적 영역	동정심
투명성	운동	해방	새로움
의사소통	즐거움	성공	독실함
능력	이해심	조화	성실함
일치	다양성	경험	신용
도전	조심성	방향 설정	올바름

관계	목표 지향적 태도	깊이	재미
용서	안락함	협력	추진력
기쁨	과제	고통에서 벗어나기	부유함
인정받기	공동작업	양심	많은 가능성
이해하기	피드백	규율	사회참여
합의	성장	신뢰도	만족
기운을 갖기	효율	삶의 의욕	화합
활력	동등한 대우	웃음	실천력
창의력	너그러움	자연	진보
문화	자유	예술	솔직함
체계와 질서	검소	몸매	단순함
협동	친절	인간성	편리함
호화로움	건강	균형	소속감
개성	기동력	사생활	접촉
자아실현	열정	품위	나 자신을 돌보기
따뜻한 마음	안전	단호함	자율
대화	애정 표현	경계설정	사랑

1단계: 나의 가치 목록 만들기

목록을 살펴보고 각 가치를 생각하며 간단히 다음과 같은 질문을 던져보라. "이 가치를 30일 동안 포기해야 한다면 어떨까? 혹은 30일 동안 매일 이 가치와 정반대되는 가치에 따라 살아야 한다면?" 물론 당신이 중요하게 여기는 가치가 빠졌다면 목록에 추가할 수 있다.

모든 단어는 당신이 원하는 대로 해석해도 된다. 당신이 상상하는 자유는 내가 상상하는 자유와 다를 것이다. 여기에서 중요한 것은 당신의 가치와 당신이 내린 그 가치에 대한 정의다. "그 가치를 포기하거나 30일 동안 그와 정반대되는 가치에 따라 살아야 한다면 어떨까?"라고 물은 뒤 그에 대한 당신의 감정을 지켜보라.

감정적으로 강한 동요가 느껴진다면 그 가치는 당신에게 중요한 것일 가능성이 크다. 그 가치를 포기하고 싶지 않다고 생각되는 경우, 그 가치에 체크 표시를 하라. 조건이 하나 있다. 당신의 가치 목록에는 최대 20개만 들어갈 수 있다.

2단계: 가장 중요한 가치 고르기

이제 당신에게는 20개의 가치를 적은 목록이 있다. 그중에서 가장 중요한 가치를 3개에서 7개까지 고르는 것이 다음 과제다. 한꺼번에 너무 많은 것이 중요한 상황은 궁극적으로 아무것도 중요하지 않은 상황과 같다. 어떤 가치를 포기하는 것이 괴롭다면 그것이 바로 우리에게 중요한 가치다.

골드바를 하나 가지고 있다가 잃어버렸다면 그것은 좋지 않은 상황이다. 그런데 만약 골드바를 10개 가지고 있고 그중에 1개를 잃어버렸다면, 슬프긴 하겠지만 여전히 골드바 9개가 남아 있어 위안 삼을 수 있다. 좋아하는 잼 20가지 중에 특별히 더 좋아하는 것이 없다면 어떤 잼을 빵에 바르든 상관없는 것이다.

가치가 손상되고서야 그 중요성을 알아차리는 경우도 많다. 자신의 가치를 명확히 알기 위해 절대 포기할 수 없을 것 같은 가치로 3개에서 7개를 가려내는 것이다.

이제 앞서 고른 가치 20개를 살펴보고 1에서 5까지 점수를 매겨라. 점수의 기준은 다음과 같다.

1	그 가치를 포기하기는 싫지만, 그것 없이도 잘 지낼 수 있다.
2	그 가치를 포기해야 한다면 며칠 동안 마음이 매우 편치 않을 것이다. 하지만 다른 가치로 그 자리를 채울 수 있다.
3	그 가치를 포기해야 한다면 매일 부정적인 생각이 들고 스트레스를 받을 것이다. 매일 무언가가 부족하다고 느낄 것이다.
4	내 삶에 그것이 없다면 매일 괴롭고 견디기 힘들 것이다. 그런 상황을 해결하기가 정말로 어려울 것이다.
5	매일 그 가치를 갖고 있지 못하면 나는 (과장이 아니라) 망가져버릴 것이다. 그런 상황을 결코 견디지 못할 것이다.

앞서 고른 모든 가치에 1부터 5 사이의 점수를 주었다면, 그다음에는 20개의 가치 중 높은 점수를 받은 가치를 3개에서 7개까지 뽑아내어 다른 종이에 옮겨 적는다. 그것이 당신에게 가장 중요한 가치다. 당신의 삶에서 무엇보다 중요한 것이다. 협동과 상호관계처럼 두 항목이 서로 밀접하게 짝을 이루는 경우에는 그 둘을 합칠 수 있다.

가장 중요한 가치 7개를 결정하기 어렵다면 다음과 같이 진행해보라. 당신이 아래처럼 점수를 매겼다고 가정해보자.

1. **자유** (5)
2. **안전** (4)
3. **협동 / 상호관계** (3)
4. **솔직함** (3)
5. **성장 / 배우기 / 발전** (3)

6. **자연** (2)

7. **성공** (2)

8. **마음의 평화** (2)

9. **즐거움** (2)

똑같이 2점을 준 가치들을 비교하여 마지막 7개의 가치만 남기려면 어떤 것을 선택해야 할까?

그런 경우에는 스스로 다음과 같이 물어보면 된다. "30일 동안 자연을 포기하는 것과 30일 동안 성공을 포기하는 것 중 무엇이 더 나쁜 상황일까? 30일 동안 성공과 정반대되는 가치(매일 실패하기)를 경험하는 것과 30일 동안 자연과 정반대되는 가치(집에 박혀 있기)를 경험하는 것 중 무엇이 더 나쁜 상황일까?" 모두 둘씩 조합해서 비교해보라.

가치를 둘씩 비교해서 선택한 가치에 밑줄을 긋는다. 그런 다음 밑줄이 가장 적게 그어진 가치를 지운다. 최대 7개의 가치만 남을 때까지.

당신은 자신의 가치를 찾아내는 즉시 의식적으로 그 가치에 따라 살기 시작할 수 있다. 그러기 위한 첫걸음은 "도대체 이 가치는 나에게 무엇을 의미하는가?"라고 자신에게 질문을 던져 가치를 더 정확히 정의하는 것이다. 당신이 협동에 대해 내리는 정의는 틀림없이 내가 내리는 정의와 다를 것이다. 일상에서 자신의 가치에 따라 살고자 한다면 당신은 그 가치를 가지고 살아가는 것이 무엇을 의미하는지 스스로 명확히 알고 있어야 한다.

예를 들어 나에게 협동은 다른 사람과 함께 활발히 활동하는 것을 뜻한다. 따라서 나는 혼자 하는 프로젝트를 거절한다. 사람들이 나와 기꺼이 일하고 싶다는 마음이 들게끔 행동한다. 문제를 함께 해결하려고 시도한다.

당신의 가치에서 어떤 의도와 행동이 생겨나는가? 가치를 지키기 위해 무언가를 승낙하거나 거절한다면 그것은 어떤 상황일까? 당신에게 중요한 모든 가치에 대한 예상 상황을 적어보라. 그러면 가치를 아주 명확히 이해할 수 있다.

그런 식으로 목록을 작성하는 것은 숨어 있는 문제들도 드러내준다. 적다 보면 이따금 자신의 태도가 가치를 망치고 있다는 사실을 깨닫는다. 자신에게 중요한 가치가 협동인데도 당신은 늘 본인의 생각대로 상황을 이끌어가고 싶어 한다. 그런 태도는 자주 협동을 어렵게 한다.

따라서 목록을 적는 동안 자신의 사고방식과 행동방식을 맞닥뜨리고 삶의 방향이 가치에 더 잘 맞도록 바꿀 수 있다. 당신의 가치를 깊이 생각해보는 것은 그야말로 다목적 도구와 같다.

당신의 가치는 일상생활에서 더 좋은 결정을 내리는 데도 도움이 된다. 결정을 내려야 하는 모든 상황에서 당신은 자신에게 물어볼 수 있다. '그것은 나의 가치를 강하게 하는가? 아니면 약하게 하는가?' '이 결정은 나의 가치와 일치하는가? 아니면 나 자신과 내 삶에 정말로 중요한 것을 저버리게 될까?' '이 일을 맡아야 하나? 이 일이 내 가치와 얼마나 잘 맞는지 확인해보자.' '휴가 결정을 내려야 하는 모든 상황에서 가치는 최선의 선택을 알려준다.

를 어디로 가야 하지? 내 가치에 비추어 보면 어디가 좋을까?' '이 사람이 내 배우자로 잘 맞을까? 그 답은 나의 가치가 알고 있어.'

가치는 당신을 가장 좋은 방향으로 이끌어주는 일종의 세부적인 예언과 같다. 이 점이 자신의 가치를 정확히 알고 있을 때 얻을 수 있는 특별한 매력이다.

한 걸음 더 나아가 자신의 가치를 삶을 위한 도구로 이용할 수 있다. 그런 관점에서 삶의 기반이 자신의 가치와 일치하는지 아닌지 검토할 수 있다.

삶의 기반은 흔히 우연하게 만들어진다. 거창한 계획 없이. 삶의 기반에는 사는 곳, 직업, 배우자, 친구, 취미 등이 속할 것이다. 보통 우리는 이런 것들을 흔들고 싶어 하지 않는다. 큰 변화를 잘 견디지 못하고 불안정한 상황을 두려워하기 때문이다.

하지만 예상하지 못하게 어떤 식으로든 삶의 기반이 흔들리게 되면, 다가오는 변화의 방향을 자신의 가치에 맞추는 것이 매우 중요하다. 자신에게 이렇게 물어볼 수 있다. "어떤 직업이 나의 가치와 가장 잘 맞을까?" 혹은 "나의 취미는 내가 삶에서 보여주고자 하는 것, 내가 진정으로 중요시하는 것과 일치하는가?"

이제 알아차렸을 것이다. 자신의 가치를 명확하게 알고 있으면 당신은 더욱 강하고 당당하고 행복해진다. 그뿐 아니라 가치는 당신이 원하는 삶을 계획하고 형성하는 데 유용한 도구이기도 하다. 무엇보다도 가치는 당신이 미치지 않도록 중심을 잡아준다.

당신이 자신의 가치에 대해 얼마만큼 관심을 갖고 있는지 확인하기 위해 스스로 다음 질문들을 던져보라.

(?) Question

◇ 내 삶에서 무엇이 중요한지 알고 있는가?

◇ '마음이 끌리는 무언가를 찾거나 가지려는 것'과 '균형을 잡아줄 무언가를 필요로 하는 것' 사이의 차이점을 알고 있는가?

◇ 내 삶의 방향을 '갖고 싶은' 것에 맞추는가? 아니면 '정말로 필요한' 것에 맞추는가?

◇ 나는 직감이나 현실적 조건에 따라 결정을 내리는가?

◇ 아니면 나의 가치가 이끄는 대로 결정을 내리는가?

10 │ 내 삶에 들이닥친 문제,
없애버리거나 받아들이거나

"이웃이 너무 시끄러워.""동료 직원한테 불쾌한 냄새가 나.""남편이 돈을 너무 많이 써.""아이가 옷을 벗으려 하지 않아.""잠을 잘 못 자.""콜레스테롤 수치가 너무 높아." 무언가 문제가 있을 때 당신은 불쾌하고 괴롭다. 건강과 행복이 위험에 처한다. 목표와 계획이 중단된다. 열심히 살고 싶은데 방해를 받는다.

인간의 전형적인 문제를 나열하자면 끝이 없다. 의도적이고 적극적으로 문제와 씨름하지 않으면 대다수의 문제는 점점 더 커진다. 결국, 당신은 그 문제 때문에 절망하게 된다.

당신은 5가지 방법으로 문제를 다룰 수 있다. 2가지 방법은 인생이 달라지게 하고 다른 3가지 방법은 당신을 미치게 한다. 안타깝게도 사람들은 대부분 우리를 미치게 하는 3가지 방법을 이용한다.

1. 외부에서 문제 해결하기

문제를 다루는 첫 번째 방법은 당신이 사용할 수 있는 모든 선택사항을 동원해 적극적으로 문제를 해결하는 것이다. 혹은 최소한 자신에게 더는 강한 부담이 되지 않을 정도까지 상황을 가라앉힌다. 혹은 문제가 일어나는 횟수를 줄인다.

이웃이 너무 시끄러운가? 대화를 청한다. 조용히 해달라고 부탁한다. 그래도 아무 소용이 없으면 경찰을 부른다.

일 때문에 지치는가? 정확히 무엇이 자신을 지치게 하는지 곰곰이 생각해본 다음 상사와 이야기한다. 그래도 소용없다면? 새로운 일자리를 찾는다. 거기에서 벌이가 시원치 않다면? 노동시장에서 당신의 가치를 높이기 위해 추가 교육을 받는다.

계단을 몇 개 오르는 것만으로도 숨이 턱 막힌다면? 더 튼튼해지기 위해 식단을 조절하고 자신에게 맞는 운동 프로그램을 시작한다.

모든 삶에는 문제가 있게 마련이다. 까닭 없이 생겨나는 문제를 막을 수 있는 방법은 아무것도 없다. 당신은 문제를 짜증나고 나쁜 것으로 여길 수도 있고 삶의 자연스러운 일부로 바라볼 수도 있다. 인격을 키울 기회, 삶을 점점 더 좋고 아름답게 만드는 가능성으로 볼 수도 있다. 모든 것은 당신이 문제에 어떤 의미를 부여하느냐에 달려 있다. (제6 마음 습관 '내 기분은 내 책임이다' 참조)

문제를 다루는 것도 하나의 사고방식이다. 많은 사람은 그 문제가 자신의 책임이 아니라고 말한다. 어쨌든 자신은 아무것도 하지 않을 것이고 누군가 그 문제를 해결해야 한다고 생각한다. 그들은 문제를 해결할 책임이 문제를 일으킨 사람에게 있다고 말한다. 상사가 내게 몰상식하고 심술궂게 군다면 상사가 태도를 바꾸어야 한다고 생각한다.

그런 사고방식은 충분히 이해할 수 있다. 하지만 그런 관점을 갖고 있으면 자신의 힘을 다른 사람에게 내주는 셈이다. 다른 사람들에게 완전히 의존하게 된다. 하지만 그들은 당신이 어떻게 지내는지 전혀 신경 쓰지 않는다. 대다수의 사람은 자기 문제를 처리하는 것만으로도 몹시 바쁘다. 따라서 다른 사람이 당신의 고통을 돌봐주리라 기대하는 것은 비현실적이다.

다음과 같은 사고방식이 훨씬 더 유용하다. "나는 그 문제 때문에 괴로워. 나의 괴로움과 불만, 고통은 언제나 나의 책임이야. 문제를 일으킨 사람이 누구든 상관없어. 그 문제에 관해 무언가를 바꾸는 것은 내게 달려 있어."

누구의 잘못인지는 상관없다. 그냥 제1 마음 습관을 이용해 당신이 할 수 있는 일을 하라. 당신이 무언가로 고통을 겪는다면 당신이 조치를 취해야 한다. 당신의 고통은 당신의 책임이다. 누가 문제를 일으켰든 상관없이 스스로 문제를 해결하라.

문제가 생겼을 때 중요한 점은 누구의 잘못이냐가 아니라 문제가 해결되면 누가 이득을 보느냐다.

말이 나온 김에 덧붙이자면, 실제로 문제의 원인이 된 사람이 누구인지, 누구의 잘못인지 정확히 말할 수 없는 때가 많다. 자신도 모르게 문제 상황에 관여하는 경우도 흔하다. 문제의 원인을 다른 사람에게서 찾는 것은 자신의 자존심을 지키는 일에나 좋을 뿐이다. 그에 반해 자기 모습을 반성하고 수시로 되돌아보는 사람은 늘 자신에게서도 책임의 일부를 찾는다.

2. 문제 받아들이기

문제를 다루는 두 번째 방법은 문제를 받아들이는 것이다. "지금 내게는 그 일을 바꿀 힘이 없어. 그러니 상황을 있는 그대로 받아들이자. 그것 때문에 계속 화내면서 더 많은 에너지를 낭비하지 말자. 문제를 알아차렸고 상황이 달라지면 좋겠지만, 지금은 문제에 너무 많은 신경을 쓰지 않을 거야. 차라리 다른 즐거운 일로 관심을 돌리겠어."

이런 태도를 갖고 있으면 문제에 대한 사고방식이 바뀌기도 한다. 이전에는 언짢게 생각했던 일이 좋아지게 된다. 거부는 대부분 우리가 부여하는 의미 때문에 생겨나기 때문이다. (제6 마음습관 '내 기분은 내 책임이다' 참조) 의미를 바꾸면 문제도 점차 다른 것으로 변한다.

3. 문제 회피하기

문제가 너무 크고 해결될 수 없을 것 같아 보이면 우리는 흔히 문제를 외면하려 한다. 문제를 살펴보거나 문제에 대해 곰곰이 생각하기를 거부한다. 예를 들어, 문제를 개선하려면 A를 해야 한다. 하지만 A를 하면 B를 잃는다. B는 내게 매우 중요하다.

"아내와 사는 것이 악몽 같지만, 아내를 떠나면 나는 경제적으로 훨씬 더 힘들어져." "이 일을 하는 게 괴로워. 하지만 지금처럼 월급이 많은 자리를 금방 다시 구하기는 힘들 거야. 집을 사느라 낸 빚도 갚아야 하잖아. 아이들도 대학에 보내야 하고."

하지만 의식에서 무언가를 밀어낸다고 해서 부담이 사라지는 것은 아니다. 부담은 잠재의식 속에 남아 마음과 건강에 부정적 영향을 미친다. 우리가 미쳐버릴 정도로 영향이 강할 때도 자주 있다. 그러면 우리는 육체적으로 혹은 정신적으로 병이 든다. 긴장과 복통으로 시작해 우울증이나 탈진, 불안장애에 이르기까지. 그런 병을 일으키는 위기가 닥치고 나서야 도망치기를 멈추고 문제를 정면으로 마주하는 경우가 많다.

4. 하소연하고 투덜대기

여기에 많은 사람이 문제를 극복하기 위해 이용하는 전략이 있다. 바로 불평하고 비난하고 하소연하는 것이다. 그러면 잠시 감정이 풀리고 좌절이나 분노, 불만이 밖으로 드러나 없어진다.

물론 다른 사람을 탓하면 문제에 대해 분노를 제일 잘 휘발시킬 수 있다. "다 부자들 때문이야. 정치인, 이웃, 직장 동료, 남편, 아내, 아이들 탓이야. 그들은 비열하고 부도덕하고 게으르고 부당하고 이기적이야. 그것 말고도 다른 모든 면에서 잘못됐어."

문제가 있을 때 잠시 울분을 터뜨리고 욕하고 원망하고 악담을 퍼붓는 것이 해롭지는 않다. 심지어 괴로움을 덜어주기도 한다. 하지만 좋아지는 것은 잠시뿐이다. 잠시 투덜댄 후 이런 의문이 든다. 문제를 다루려면 나는 무엇을 할 수 있을까? 문제를 해결하려면? 혹은 문제를 받아들이려면?

사람들은 대개 투덜대는 것에서 벗어나는 출구를 찾지 못한다. 끊임없이 불평하고 계속해서 다른 사람을 탓하는 행위는 모든 상황을 더 나쁘게 만들 뿐이다. 문제를 적극적으로 다루지 않고 불평하는 동안 우리는 자신의 힘과 영향력을 부인하고 그 대신 자신의 역할을 피해자로 고정해버린다. 그러고는 자신이 바꿀 수 없거나 바꿀 마음이 없는 무언가에 주의를 집중한다.

어떤 사람들은 좋지 않은 것을 계속 떠올리며 화를 낸다. 그것 때문에 누군가에게 무슨 일이라도 생길 것처럼. 물론 투덜대는 것에도 장점이 있다. 바로 똑같이 하소연하기 좋아하는 다른 사람들과 공감대를 이룰 수 있다는 것이다. 무엇 혹은 누군가에 대해 함께 분노하는 것은 기분을 좋게 만든다. 그뿐이다. "우리는 서로 뜻이 맞아. 둘 다 같은 것에 대해 분노하거든. 우리는 통찰력을 갖고 있고 맥락을 읽을 줄 알아. 우리는 같은 편이야." 그들은 문제 혹은 저 밖의 남자와 여자, 모든 멍청한 인간에 대해 함께 흥분하고 단결한다. 하지만 그것은 건설적이지 않다. 아무것도 바꾸지 못한다. 문제는 계속 그 자리에 있으면서 우리의 삶을 망친다. 문제가 심각한 경우, 그런 태도는 조만간 우리를 미치게 한다.

5. 조용히 괴로워하기

하소연하는 다른 방법도 있다. 조용히 마음속으로 한탄하는 것이다. 문제가 생기면 우리는 괴로워한다. 원망한다. 하지만 그것에 대해 말을 꺼내지는 않는다. 스스로 고통을 처리한다. 마음속에서 고통을 삭인다. 그러면서도 우리의 초점은 늘 문제의 부정적 영향에 맞추어져 있다. 우리의 생각과 감정은 끊임없이 문제의 주변을 맴돈다.

이때 우리는 문제 자체와 문제의 부정적 영향에 대해서만 생각할 뿐 가능한 해결책을 찾아내는 것에는 신경 쓰지 않는다. 큰 소리로 한탄하는 것은 고통을 없애는 효과라도 있지만, 마음속으로 조용히 괴로워하고 한탄하는 것은 사람을 극도로 지치게 한다.

계속해서 시끄럽게 혹은 마음속으로 불평하고 욕하다 보면 어느 순간 당신은 미쳐버린다. 세상에 대한 불만이 점점 더 커지는 것은 자신의 무력함을 스스로 입증하는 셈이다. 모든 것이 얼마나 나쁘고 바보 같은지 불평하고 투덜댈 때마다 자신의 삶을 형성해 나갈 가능성과 희망을 빼앗긴다. 삶을 더 좋게 만들 기회를 빼앗긴다.

문제를 다루기 위한 5가지 방법은 외부에서 문제 해결하기, 문제 받아들이기, 문제 회피하기, 하소연하고 투덜대기, 조용히 괴로워하기였다.

앞의 설명을 읽는 동안 당신은 분명히 이해했을 것이다. 미치지 않고 침착하고 긍정적인 상태를 유지하고 싶다면, 문제의 원인을 제거하고 더는 문제가 발생하지 않도록 막고 최선을 다해 문제를 해결해야 한다는 것을. 문제를 아직 완전히 해결할 수 없는 경우에는 적어도 문제의 영향을 줄이려고 노력해야 한다. 문제 상황을 피하거나 문제에 대한 당신의 생각을 고쳐먹어야 한다.

당신이 문제에 대한 주도권을 쥐고 있고 자신의 운명을 적극적으로 결정한다는 사실을 확실히 해두어야 한다. 그러지 않으면 당신은 미쳐버린다.

다음 질문의 도움을 받아 당신이 삶에서 일어나는 문제를 보

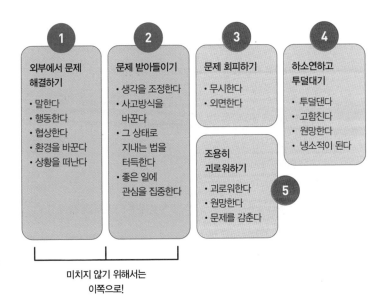

문제에 대응하는 5가지 방법

1 외부에서 문제 해결하기
- 말한다
- 행동한다
- 협상한다
- 환경을 바꾼다
- 상황을 떠난다

2 문제 받아들이기
- 생각을 조정한다
- 사고방식을 바꾼다
- 그 상태로 지내는 법을 터득한다
- 좋은 일에 관심을 집중한다

3 문제 회피하기
- 무시한다
- 외면한다

4 하소연하고 투덜대기
- 투덜댄다
- 고함친다
- 원망한다
- 냉소적이 된다

5 조용히 괴로워하기
- 괴로워한다
- 원망한다
- 문제를 감춘다

미치지 않기 위해서는 이쪽으로!

통 어떻게 다루는지 곰곰이 생각해보라. 당신의 태도와 습관을 좀 더 명확히 알게 되고 필요하다면 방향을 반대로 틀어 더 좋은 습관을 몸에 익힐 수 있다.

◇ 나를 괴롭히는, 해결이 필요한 주요 문제점들은 무엇인가?

◇ 나는 문제를 잘 처리하고 있는가? 아니면 해결하지 못한 어려운 문제들이 쌓여 있나?

◇ 문제를 다룰 때 내가 선호하는 방식은 무엇인가?
  · 적극적으로 나서서 해결하기
  · 문제를 좋은 쪽으로 생각하기
  · 문제를 회피하기
  · 문제에 대해 크게 불평하기 또는 속으로 투덜대거나 조용히 괴로워하기

이러다가는 미쳐버리지 않을까?

이제 당신이 미치는 것을 막아주는 10가지 마음 습관을 모두 배웠다. 매우 힘든 상황에서뿐 아니라 일상의 사소한 상황에서도.
여기에 10가지 마음 습관에 관한 자가 테스트를 소개한다. 이 테스트를 활용해서 당신은 자신이 어떤 상황에 있고 미쳐버릴 것 같은 상태에 실제로 얼마만큼 가까이 있는지 스스로 간단히 평가할 수 있다. 균형을 다시 회복하려면 지금 어느 부분이 크게 부족하고 그 부분을 어떻게 다루어야 하는지도 이 테스트를 통해 알게 된다.
테스트는 다음과 같이 진행된다. 좀 더 아래로 내려가면 문장이 연이어 나온다. 각 문장의 내용이 당신의 현재 상황과 얼마나 일치하는지 스스로 판단한다. 그런 다음 아래에 나와 있는 유형에 따라 각 문장에 점수를 준다.

▶▶ 100퍼센트 일치한다. = 4점

▶▶ 비교적 자주 일치한다. = 3점

▶▶ 드물게 일치한다. = 2점

▶▶ 전혀 일치하지 않는다. = 1점

각 문장 뒤에 해당하는 점수를 적고 마지막에 그 점수들을 합한다. 점수가 높을수록 더 힘들고 심각한 상황이다. 총점은 당신에게 중요한 암시가 된다. 하지만 당신이 4점을 준 각각의 문장 또한 그 부분에 대해 조치가 필요하다는 것을 보여준다.
이 테스트로 당신의 상황을 자가 진단해보라. 압박과 스트레스를 받는다고 느껴질 때마다 테스트를 다시 해봐도 된다. 당신에게 꼭 맞는 조치를 찾아내기 위해.

테스트 시작 ▶▷

1. 나는 내가 영향을 미칠 수 없는 일에 대해 정신적으로나 감정적으로나 지나치게 신경을 쓴다. (제1 마음 습관)

2. 나는 나의 영향력 범위 너머에 있는 일에 영향을 미치려고 시도한다. (제1 마음 습관)

3. 나는 과로로 지쳤다. 할 일이 언제나 밀려 있다. 지나치게 많은 책임을 맡고 있다. (제2 마음 습관)

4. 나는 높은 수준을 요구한다. 나 자신과 다른 사람들에게 많은 것을 원한다. (제2 마음 습관)

5. 삶이 덧없이 느껴진다. 내가 해야 하는 일만 겨우 한다. (제3 마음 습관)

6. 내 인생에는 방향과 과제가 없다. (제3 마음 습관)

7. 세상에 존재하는 문제 및 나의 영향력 범위 너머에 있는 문제를 지나치게 열심히, 너무 자주 바라본다. (제1 마음 습관 + 제4 마음 습관)

8. 세상이 긍정적으로 발전하고 있다고 생각하지 않는다. (제4 마음 습관)

9. 사람들이 서로 돕거나 좋은 일을 했다는 실례를 좀처럼 듣지 못한다. (제4 마음 습관)

10. 내 삶의 부정적인 면을 너무 많이 본다. 사라지면 그리워질 좋은 것들은 거의 생각하지 않는다. (제5 마음 습관)

11. 즉석에서 깊이 생각하지 않고 결과에 부정적 의미를 부여한다. 그러고 나면 내 안에 무력감과 실망, 분노가 생겨난다. (제6 마음 습관)

12. 되지도 않을 일과 씨름하느라 자주 이런저런 생각에 빠져든다. (제6 마음 습관 + 제7 마음 습관)

13. 나의 감정과 생각을 매우 중요하게 여긴다. 늘 내가 느끼고 생각하는 것을 믿는다. 나에게 그것은 현실이다. (제7 마음 습관)

14. 나의 생각은 꽤 자주 과거(분함, 슬픔, 실망)나 미래(걱정, 근심)에 머문다. (제 8 마음 습관)

15. 그 순간을 즐기는 대신 어딘가 다른 곳에 정신이 팔려 있다. (제8 마음 습관)

16. 내 인생에서 무엇이 가장 중요한지 모른다. (제3 마음 습관 + 제9 마음 습관)

17. 결정하는 것에 자주 어려움을 겪는다. (제9 마음 습관)

18. 문제들 때문에 괴롭지만, 문제를 좀 더 견딜 만하게 만들거나 해결하는 대신 그냥 참고 견딘다. (제10 마음 습관)

- -

▶▶ **36점 미만:** 당신에게는 아무런 문제가 없다. 이 책은 다른 누군가에게 선물하거나 나중에 힘든 상황이 생겼을 때 다시 펼쳐보라.

▶▶ **36~54점:** 조치가 필요할 수도 있다. 마음의 평화와 평정을 방해하는 것들이 있다. 4점을 준 문장들을 살펴보라. 각 문장 뒤에 제시된 원칙이 설명되어 있는 부분을 차분히 한 번 더 읽어라.

▶▶ **55~72점:** 언제라도 미쳐버릴 수 있다. 어디에 제일 많은 점수를 주었는지 살펴볼 것을 권한다. 해당 마음 습관이 설명되어 있는 부분을 한 번 더 훑어보고 적합한 기술을 골라 이용하라.

2부에서는 쉽게 실행할 수 있는 기술을 다양하고 구체적으로 소개한다. 이 기술들은 10가지 마음 습관을 삶에 적용하는 데 도움을 줄 것이다. 당신이 절대 미쳐버리지 않도록!

2부

언제 망해도
이상하지 않을 세상에서
미치지 않는 기술

당신은 이제 10가지 마음 습관을 알고 있다. 이 중요한 습관들의 도움을 받으면 힘든 상황에서도 조용하고 차분하고 집중한 상태로 머물 수 있다. 하지만 무언가를 아는 것과 그것을 실천하는 것은 분명히 다른 일이다.

이제 중요한 것은 다음과 같은 질문이다. 이 마음 습관들을 실제로 일상생활에 적용하고 그에 맞추어 살아가려면 나는 무엇을 할 수 있을까? 이를 위해 유용한 기술들을 여기에 소개한다.

* | 좀처럼 미치지 않는 사람들의 비밀

앞으로 2부에 나올 모든 기술을 실행할 때뿐 아니라 아무리 사는 게 힘들어도 미치지 않기 위해 효과적으로 사용할 수 있는 보조 수단 3가지부터 우선 알아보자. 어떤 특정한 행동방식에 익숙해지거나 일상생활에서 어떤 습관을 들이고 싶을 때마다 그것을 실천에 옮기기 위해서 꼭 필요한 방법이다.

1. 실행 의도: _____ 할 때, _____ 할 것이다

우리는 자신의 습관을 완전히 고치겠다는 계획을 세워놓고 어쩔 줄 몰라 한다. 실천이 부족할 때가 많다. 당신의 계획에 실제로 행동이 따라올 확률을 높이고 싶다면 이 단순한 기술이 매우 유용하다. '실행 의도'라고 불리는 이 기술은 심리학자 페터 골비처(Peter Gollwitzer)가 제안한 것이다. 기술을 익히는 법은 매우 쉽다. 우선 의도하는 행동을 정한다.

◇ 물을 더 자주 마실 거야.
◇ 계단을 더 자주 이용할 거야.

◇ 마음을 가라앉히기 위해 더 자주 깊이 숨쉴 거야.

◇ 내가 영향을 미칠 수 있는 것과 없는 것을 파악하는 데에 더 자주 신경 써
야지.

그런 다음 애매한 표현인 '더 자주'를 지우고 그 대신 어떤 상황에서 어떤 행동을 할 것인지 구체적인 상황을 덧붙인다. 다음과 같은 형식으로 의도를 선언하게 된다.

◇ 매일 아침식사 전에 물 200밀리리터를 마실 것이다.

◇ 점심을 먹으러 갈 때 계단을 이용할 것이다.

◇ 스트레스를 느낄 때는 깊은 숨을 5번 쉴 것이다.

◇ 오늘 직장 동료들과 이야기를 나눌 때 내가 영향을 미칠 수 있는 부분과
없는 부분을 명확히 파악할 것이다.

무엇을 하고자 하는지 말한 다음 어떤 상황에서 할 것인지 말한다. 가능한 한 아주 구체적으로. 상황을 구체적이고 확실하게 설명할수록 당신은 일상에서 그 상황을 더 빠르게 알아차릴 것이다. 의도하는 행동을 구체적이고 확실하게 정할수록 그 의도를 실행에 옮기는 것도 더 쉬워진다. '늘'이나 '더 자주'보다 '책상에 앉을 때'가 더 좋고 '물을 마신다'보다 '물 200밀리리터를 마신다'가 더 좋다.

이제부터는 어려운 상황에서 차분함과 행동력을 유지하도록 돕는 다양한 기술을 배워볼 것이다. 실행 의도는 그 기술들을 실

제로 적용하는 데에도 도움이 된다.

2. 정신 훈련: 일어날 법한 상황을 구체적으로 상상하기

실행 의도를 확대한 것이 정신 훈련이다. 우선 당신의 의도를 '이럴 때(상황), 나는 이럴 것이다(행동).'로 만든 다음 상상력을 이용해 머릿속으로 영화를 찍는다. 영화는 당신이 짠 시나리오대로 흘러간다.

상황: 상사와 마주보고 앉아 있다

무엇을 보는가? 책상에 앉아 있는 상사가 보인다. 책상 앞에 의자가 보인다. 나는 곧바로 그 의자에 앉는다.

세부적인 것으로는 무엇이 보이는가? 책상에 놓인 전화기, 상사의 굳은 표정, 상사의 검은 머리.

무엇을 듣는가? 에어컨 소리와 사무실에 늘 틀어놓는 라디오 소리, 상사의 목소리.

무엇을 느끼는가? 내 엉덩이와 등에 닿아 있는 의자가 느껴진다. 목덜미에 압박이 느껴진다.

이제 실행 의도에서 행동에 해당하는 부분을 이용할 차례다. "나는 바른 자세로 앉아 있어. 그리고 상사에게는 나를 지배할 권한도 내 삶의 중요한 것들을 통제할 권한도 없다는 사실을 명확히 알고 있어."라고 혼잣말하라.

그런 다음 자신에게 다음과 같이 물어보라.

무엇을 보는가? 여전히 상사가 보인다.

무엇을 듣는가? 차분하고 단호하고 명료한 내 목소리가 들린다. 짜증 섞인 상사의 목소리가 들린다.

무엇을 느끼는가? 나는 등을 곧게 세우고 고개를 당당히 들고 있다. 내가 천천히 힘차게 호흡하고 있다는 것이 느껴진다.

무엇을 하는가? 속으로 혼잣말한다. 상사에게는 나를 지배할 권한이 없다고. 내 권리는 내가 갖고 있고 그 권리를 주장할 수 있다고.

정신 훈련에서 당신은 우선 전체 상황을 상상한 다음 당신이 그 상황에서 무엇을 하는지 상상한다. 무엇을 보고 듣는지, 어떤 혼잣말을 하는지도.

딱 한 번 있을 상황을 대비하려 한다면 그 상황에 관한 정신 훈련을 2, 3번 연달아 실시하라. 매일 습관을 들이고 싶은 것이 있다면 정신 훈련을 2, 3주 동안 매일 몇 분씩 실시하라.

정신 훈련을 거치면 더 침착한 태도로 더 확실하게 행동할 수 있다. 상황을 미리 상상하기 때문이다. 무엇이 자신을 기다릴지 이미 알고 있기 때문이다. 정신 훈련은 당신이 미치는 것을 막아준다.

3. 기억하기: 기억하지 못한다면 아무 소용없다

아무리 좋은 의도도 작정한 것을 잊어버리면 소용없다. 실제로는 몹시 원하면서도. 이럴 때 도움이 되는 것이 기억이다.

기억하는 것은 바로 실행 의도의 상황을 스스로 만들어내는 것을 뜻한다. "스마트폰에서 알림 소리가 날 때마다 큰 컵으로 물을 한 잔 마신다." 혹은 "식탁에 놓인 일기장을 볼 때마다 (의도적으로 그곳에 일기장을 놓아둔다.) 오늘 내가 얼마나 스트레스를 받았는지 1부터 10까지 등급으로 평가해 기록한다." (6 이상의 등급을 적었다면 잠시 호흡 운동을 한다.)

인간은 쉽게 잊어버리거나 제쳐두거나 못 본 체한다. 일상이 힘들고 바쁠수록 그런 일이 더 많이 일어난다. 따라서 무언가가 당신에게 정말로 중요하다면 그것을 기억해야 한다.

중요하다는 이유만으로 당신이 그것을 기억할 확률이 더 커지지는 않는다. 오히려 우리에게 유익하고 적합한 것은 힘이 들 때가 많다. 우리는 그런 일을 잊고 편안히 있기를 원한다. 기억하지 않으면 중요한 일은 금세 사라져버린다.

확실하게 기억할 준비가 되어 있다는 것은 그만큼 의도를 진지하게 여긴다는 것을 나타낸다. 기억하려 하지 않을 경우, 내키지 않는다거나 속으로 저항한다는 표시다. 따라서 이 책에 나오는 기술을 늘 확실하게 기억해두라.

자기계발에서 가장 중요한 훈련은 스스로 기억하는 것이다.

1 | 일단 내가 할 수 있는 일에 집중하는 법

당신이 영향을 미칠 수 있는 일이 있는가 하면 당신의 통제력을 벗어난 일도 있다. 무엇보다 자신의 손안에 있는 일에 집중하면 삶이 쉬워진다. 당신은 더 침착해진다. 게다가 통제할 수 없는 일에 에너지를 덜 낭비하게 되므로 생산성과 창의력이 높아진다.

제1 마음 습관을 강화하기 위한 첫 번째 기술은 이 습관에 따라 살아가는 당신의 모습을 머릿속으로 상상하는 것이다. 당신이 영향을 미칠 수 있는 일에 집중하는 모습을 상상하며 정신 훈련을 실시한다.

상상해보라. 누군가에게 비난을 받으면 속으로 이렇게 생각한다. "다른 사람이 나에 대해 생각하거나 말하는 것을 통제할 수는 없어. 통제하려고 시도하는 것만으로 벌써 내 안에 무력감과 스트레스가 생겨. 내가 통제할 수 있는 것은 나의 행동과 생각뿐이야."

혹은 당신이 하고 싶은 일에 대해 결정권을 가진 누군가와 마주 앉았다고 상상해보라. 그 사람은 당신이 돈을 빌리고 싶은 은행의 직원일 수도 있다. 당신은 이렇게 생각한다. "저 직원이 내가 원하는 결정을 내릴지 아닐지 나는 알 수 없어. 최선을 다하기만

하면 돼. 그것으로 내 목표는 달성되는 거야. 더는 영향을 미칠 수 없어."

이웃이 음악을 너무 크게 들어서 괴로울 때 당신은 다음과 같이 생각한다. "다른 사람이 남을 배려하지 않더라도 내가 그 부분을 통제할 수는 없어. 이웃에게 주의해달라고 부탁하거나 경찰을 부를지 아닐지만 결정하면 돼."

거듭 명확히 알고 있어야 할 것은 다른 사람이 행동하거나 생각하거나 느끼는 것에 대해 당신이 아무런 영향을 미칠 수 없다는 사실이다. 다른 사람이 동정심이나 배려나 친절을 중요하게 여기는지 아닌지는 통제할 수 있는 문제가 아니다. 그런 목적으로 다른 사람에게 영향을 미치려는 시도는 대부분 양쪽에 스트레스와 분노만 안겨줄 뿐이다. 당신은 자신이 느끼거나 생각하는 것조차 통제할 수 없다. 생각이나 느낌은 자동적으로 생겨나는 것으로 조종이 가능한 건 아주 제한적이다.

당신이 통제할 수 있는 것은 의도적 행동과 의도적 생각이다. 스스로 내리는 결정과 자신이 정한 우선순위도 통제할 수 있다. 그런 것들에 꾸준히 주의를 집중하고 당신의 힘이 미치지 않는 일에 힘을 빼지 않으면, 삶은 훨씬 더 편안해진다. 올바른 지점에, 스스로 무언가를 해낼 수 있는 곳에 집중하므로 당신은 더 많은 목표를 이룰 것이다.

영향력 원 그리기

영향력 원을 나타내는 다음 그림을 한 번 살펴보자. 안쪽 원에는 당신이 통제할 수 있는 것들이 있다. 스스로 정한 우선순위와 목표, 의도적 행동과 혼잣말, 상황에 대한 당신의 대응 등. 바깥쪽 원에는 당신이 통제할 수 없는 것들이 있다. 정신이 몽롱한 상태에서 떠오르는 생각, 느낌, 다른 사람이 행동하고 생각하고 느끼는 것, 다른 사람이 중요하게 여기는 것, 경제, 정치, 사회 등.

영향력 원

"아내가 나를 사랑했으면."이라는 소망을 상상해보자. 아내가 당신을 사랑하는지 아닌지는 당신의 통제력 밖에 있는 문제다. 당신은 자신의 감정조차 조종할 수 없으므로 다른 이의 감정은 더욱 조종할 수 없다.

물론 아내가 당신을 사랑할 확률을 높이기 위해 무언가를 할 수는 있다. 늘 아내에게 친절하기, 아내와 함께 시간을 보내기, 작은 선물로 아내에게 고마움을 표현하기, 아내가 중요하게 여기는 일들을 지원하기 등.

이 모든 것을 할 수 있다면 두 사람은 평생 함께 행복하게 살 수 있을지도 모른다. 그럼에도 내일 아내가 다른 사람과 사랑에 빠져 당신을 떠날 수도 있다. 그런 일들은 일어나게 마련이다.

즉 당신은 소망을 이루기 위해 무언가를 할 수 있지만, 소망 자체를 통제할 수는 없다. 그것이 중요한 차이점이다.

침착함과 균형, 성공을 위해서는 무조건 안쪽 원에 위치한 것들을 생각하고 실행하는 것이 훨씬 더 좋다. 거기에서만 무언가를 달성할 수 있기 때문이다. 안쪽 원에 주의를 집중하면 기운과 자신감을 얻게 된다. 반면에 자꾸 바깥쪽 원에 머물면 무력하고 무능하다는 느낌을 받는다.

1단계: 지금 당신에게 스트레스를 주는 상황을 생각해보라. 다음 질문들은 당신의 상태와 느낌을 알아내는 데 도움을 준다.

◇ 무슨 일이 일어났는가?

◇ 어떤 느낌이 드는가?

◇ 무엇을 걱정하는가?

◇ 관련된 사람은 누구인가?

◇ 누가 무엇을 하거나 말했는가? 혹은 하지 않았거나 말하지 않았는가?

◇ 이 상황에서 나의 목표는 무엇인가?

◇ 다른 사람들은 어떤 목표나 의도를 가지고 있는가?

예를 하나 들어보자. 당신은 상사와 면담을 해야 한다. 그것 때문에 긴장된다. 앞의 질문을 이용해서 이 상황에 대해 생각나는 답변을 적어볼 수 있다.

◇ 상사가 내게 이메일을 보내 대화를 요청했다.
◇ 무슨 이야기를 하려는 건지 나는 모른다.
◇ 상사가 나의 업무 성과에 만족하지 않을 수도 있다는 점이 걱정스럽다.
◇ 나는 스트레스를 받고 긴장한 것 같다.
◇ 나의 목표: 잘 버티는 것, 내 일자리를 유지하는 것, 언젠가 부장으로 승진하는 것.
◇ 상사의 목표: 아마도 회사의 발전. 하지만 내가 모르는 다른 것일 수도 있다.

2단계: 이제 종이와 연필을 들고 생각나는 모든 사항을 영향력 원에 분류해 넣는다.

안쪽 원: 당신이 무엇을 하는지, 상사의 말에 당신이 어떻게 대응하는지, 대화 전이나 대화 도중에 속으로 어떤 생각을 하는지 등.
바깥쪽 원: 상사에게 받은 이메일, 불안한 느낌, 업무 성과에 대한 걱정, 스트레스, 긴장, 일자리를 유지할 수 있을지 혹은 부장이 될 수 있을지 등에 대한 의문, 상사의 목표.

3단계: 이제 안쪽 원을 채워라. 대화 전이나 도중에 당신이 행동하고 말할 수 있는 구체적인 것들을 추가로 적어라. 이를테면 당신이 최근에 회사를 위해 무엇을 해냈는지, 어느 부분에서 당신이 긍정적 역할을 한다고 보는지 등. 더 개선하고 싶은 분야도 언급하라. 용기를 북돋우고 마음을 편히 가라앉히는 것들을 적어라.

영향력 원을 채우는 동안, 무엇이 중요하고 건설적인지(안쪽 원), 무엇이 쓸모없고 무익한지(바깥쪽 원) 명확히 구분한다. 바깥쪽 원에 속하는 것들은 그냥 인정하고 있는 그대로 받아들일 수밖에 없다. 하지만 안쪽 원에서는 당신이 무언가를 바꿀 수 있다. 운이 좋으면 안쪽 원에서 행해진 일이 언젠가 바깥쪽 원에 긍정적 영향을 미칠 수도 있다.

100퍼센트 목표 정하기

이 기술은 영향력 원의 안쪽 원에 자리하는 현실적인 목표를 세우는 데 도움이 된다. '100퍼센트 목표'란 100퍼센트 확실하게 달성할 수 있는 목표를 뜻한다. 따라서 여기에서는 도움 없이 스스로 달성할 수 있는 목표만을 세워야 한다.

'내 인생에서 가장 멋진 휴가 보내기' '건강 유지하기' '달리기 시합에서 1등 하기'는 언뜻 보기에 100퍼센트 목표 같지만, 전혀 아니다. 다음과 같은 것이 100퍼센트 목표다.

◇ 멋진 휴가를 보내기 위해 중요한 것 10가지를 목록으로 만든 다음 그것에 맞추어 휴가를 고른다.

◇ 매일 과일과 채소를 먹고 물 2리터를 마시고 1시간씩 산책한다.

◇ 8주 동안 매주 5일, 하루에 4시간씩 훈련하고 추가로 스트레칭을 많이 한다.

◇ 매일 나 자신에게 용기를 북돋우고 동기를 부여하는 문구를 소리 내어 말한다. 훈련에 정말로 최선을 다하고 있는지 매일 자신에게 묻는다.

100퍼센트 목표를 정할 때는 언제나 자신이 행할 것을 적는다. 당신이 영향을 미칠 수 있는 것은 그것뿐이기 때문이다. 그래야 100퍼센트 목표에서 효과를 본다.

이 기술의 원리에 꼭 맞는 표현을 예로 들자면 다음과 같다. "달리기 시합에서 1등을 할 수 있을지 나는 알 수 없어. 물론 이기면 좋겠지만, 정말로 중요한 것은 훈련과 시합에서 최선을 다하는 거야. 그것만으로도 난 목표를 달성하는 거야." 이루려고 의도하는 것을 적는 대신 바람직한 상황을 만들기 위해 각오가 되어 있는 것을 목표로 적어야 한다.

 Point

◇ 압박이나 스트레스를 느낄 때, 내가 통제할 수 있는 것에 집중하기 위해 영향력 원을 이용한다.

◇ 화가 날 때, 자신이 영향을 미칠 수 없는 무언가에 몰두하고 있을 가능성이 크다는 사실을 인지한다.

◇ 앞으로 목표를 적을 때, 그것이 100퍼센트 목표인지 신경 쓴다.

2 | 쓰러지기 직전에 필요한 기술

해야 할 일이 눈 깜짝할 사이에 산더미처럼 쌓여서 하루가 48시간이어도 부족할 때가 있다. 짧은 기간 동안은 괜찮다. 우리 인간은 비교적 큰 부담이 짧은 기간 동안 이어져도 견딜 수 있다. 하지만 스트레스를 받는 기간이 너무 길어지면, 몇 달 혹은 몇 년 동안 스트레스가 지속되면, 우리는 어느 순간 푹 쓰러지고 만다. 그래서 제2 마음 습관이 '할 수 있는 것 이상으로 무리하지 않는다'인 것이다.

스트레스 공식으로 내 마음 들여다보기

스트레스가 오랫동안 지속되는 상황은 다음과 같이 공식으로 표현해볼 수 있다.

보통 우리가 생각하기에 합리적인 사람은 언제든 "이 상황 때문에 병이 날 지경이야. 어떻게든 벗어나야만 해."라고 말할 것 같다. 하지만 그런 일은 생각보다 쉽게 일어나지 않는다. 우리가 힘든 상황을 알면서도 있는 그대로 내버려둔 채 지속적 스트레스를 계속 견디는 데에는 그만한 이유가 있기 때문이다.

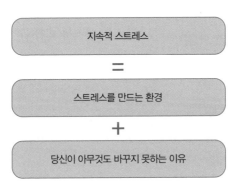

지속적인 스트레스 공식

지속적 스트레스
=
스트레스를 만드는 환경
+
당신이 아무것도 바꾸지 못하는 이유

우선 공식에 있는 스트레스를 만드는 환경부터 생각해보자. 그런 환경은 다음과 같은 상황일 수 있다. 직장에서 너무 많은 업무를 맡고 있거나 너무 많은 책임을 지고 있는 상황, 위험요소가 많아서 온 힘을 다 쏟아도 모자라는 상황, 일과 가족 때문에 이중 부담에 시달리는 상황, 모임에서 추가 의무를 지고 있는 상황, 개인 프로젝트를 맡아 녹초가 된 상황 등.

가끔은 부족한 능력 때문에 지속적으로 스트레스가 생긴다. 예를 들어 거절하는 능력이나 조직력이 부족한 경우(조직력이 없으면 모든 일에 시간이 3배는 더 걸린다), 업무를 효과적으로 적절히 처리할 수 있는 능력이 부족한 경우, 완벽주의인 경우. 이 모든 것이 스트레스를 만들어내는 환경이다.

이제 스트레스를 받는데도 불구하고 아무것도 바꾸지 못하는 이유로 돌아가보자. 그런 이유는 다양하고 개인적이지만 전형적인 이유를 몇 가지 들어보자면 다음과 같다.

우선 경제적 걱정이 있다. 우리는 생활수준이 떨어지거나 다른 사람에게 신세를 지게 될까봐 두렵다. 이런저런 것을 약속한 뒤

이유를 알면, 당신은 무언가를 바꿀 수 있는 출발점을 찾아낸 셈이다.

그 약속을 지켜서 믿을 수 있는 사람이 되고 싶다. 자리를 빼앗길까봐 걱정스럽다. 다른 사람들이 나를 좋지 않게 생각할까봐 불안하다.

공식에서 이유가 무엇을 의미하는지 이해했다면 이제 당신의 공식을 만들어볼 차례다. 당신이 무엇 때문에 지속적 스트레스와 부담, 지나친 요구를 견디고 있는지 알아내는 것이 핵심이다.

1단계: 당신에게 스트레스를 주는 환경을 목록으로 만들어라. 그 것은 정확히 어떤 환경인가? 세부사항까지 구체적으로 적어라.

2단계: 당신이 이 상황에 머물러 있는 이유들을 적어라. "내가 쉽게 그만둘 수 없는 것은 ○○ 때문이다." 될 수 있는 대로 많은 이유를 찾아내는 것이 중요하다. 최소한 5~10가지를 적어라. 시간을 내어 천천히 머릿속으로 문장의 첫 부분을 계속 되풀이해보는 것이 가장 좋다.

이유를 적는 것의 효과는 다양하다. 건강에 해로운 행동을 반복하게 만드는 이유가 무엇인지 분명히 알게 된다. 적은 것을 검토하다가 잘못된 추론을 몇 가지 발견할 수도 있다. 야근으로 병드는 것을 거부하는 사람이 정말로 예민한 사람인가? 새로운 (연봉이 더 많을지도 모르는) 직장을 구한다는 이유만으로 당신이 실패

자인가?

3단계: 이유를 적었다면 이제 당신에게 한 번 더 제6 마음 습관 '내 기분은 내 책임이다'를 떠올리게 하고 싶다. 이유의 의미를 약간 바꾸어보기 시작하면 지속되는 스트레스에서 벗어날 힘을 찾게 될지도 모른다.

예를 들어 자신에게 다음과 같은 질문을 던질 수 있다. "내가 월급을 많이 주는 직장을 찾지 못해서 집 대출금을 갚을 수 없게 된다면 그 상황은 무엇을 의미할까?"

그런 상상에는 아주 많은 부정적 의미가 붙는다. 예를 들면, "우리는 이제 이렇게 큰 집에서 살 수 없어. 이사를 해야 할 텐데, 그것도 쉽지 않을 거야. 아이들 학교도 더 멀어질 테고."

하지만 긍정적 의미를 부여할 수도 있을 것이다. "미니멀리즘이 한창 유행이잖아. 이사하면서 쓸데없는 것들을 버리고 다시 제대로 정리할 수 있을 거야. 생활이 더 간편해질 거야. 아이들은 자전거를 타고 학교에 다녀야 하니 더 건강해지겠지."

이 3단계에서 자신이 아무것도 바꿀 수 없다고 생각하는 중요하고 심각한 이유를 대고 그 이유가 자신에게 무엇을 의미하는지 찾아내야 한다. 그런 다음 이유에 어떤 새롭고 긍정적인 의미를 부여할 수 있을지, 새로운 의미가 당신의 생각에 어떤 영향을 미치는지 시험해보라.

그렇게 하면, 스트레스를 일으켜 미칠 것 같은 상황에 당신을 붙들어두고 있던 이유들이 카드로 세운 집처럼 저절로 무너져내리는 모습을 보게 될 것이다.

　　　　이유에 의문을 품어라.　　그것이 이 기술의 요령이다. 우
그러면 당신은 자유로워진다.　　리 중 많은 이는 지속적으로 스트레
스를 받으면서도 아무것도 바꾸지 않는다. 변화에 부정적 의미를
부여하기 때문이다. 반면에 의미를 바꾸면 갑자기 우리 머릿속에
변화가 가능해진다.

스트레스 일기 쓰는 법

지속적으로 스트레스를 받으면 우리는 그런 상황이 실제로 얼
마나 힘들고 자신을 병들게 하는지 느끼지 못할 때가 많다. 나쁜
날에는 한탄하며 그 상황에서 빠져나오고 싶은 마음이 굴뚝같다
가도 잠깐 스트레스가 가시면 마음속으로 이렇게 생각한다. '거
봐. 상황이 그렇게 나쁘지는 않아. 잘 견딜 수 있어.'

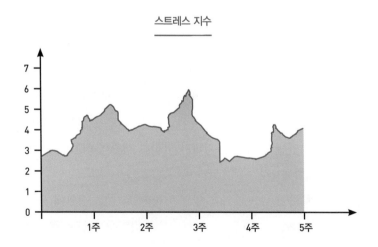

스트레스 지수

당신이 받는 스트레스 정도를 현실적으로 느껴보기 위해 일기장을 가까이에 두고 자신이 얼마만큼 스트레스를 받고 바쁘다고 느끼는지 매일 그래프 형태로 짧게 기록할 수 있다.

5주 동안 매일 저녁 일기장에 그날 하루가 얼마나 힘들고 피곤했는지 1에서 7까지 점수를 기록하라. 이때 7점은 견디기 힘든 스트레스를 나타내고 1점은 매우 편안한 상태를 나타낸다.

기록하는 것을 잊어버리지 않도록 실행 의도를 만들 수 있다. 일기장과 펜을 화장실 앞 눈에 잘 띄는 곳에 계속 놓아두고 이렇게 다짐한다. "매일 저녁, 이를 닦고 나서 곧바로 오늘의 스트레스 점수를 기록해야지."

몇 주 후면 대체로 자신의 스트레스 수준이 얼마나 높은지 잘 알게 된다. 일기에 기록된 점수는 상대적으로 컨디션이 좋은 날의 마음 상태에 따라 조작된 점수가 아니다. 이 일기에서 자신의 상황을 바꾸고 마침내 지속적인 스트레스를 멈추기 위한 힘과 동기를 얻을 수 있다.

상상해보자. 스트레스로 몸이 갈가리 찢기는 것 같다. 근근이 살아간다. 당신에게 중요한 무언가를 할 시간이 전혀 없다. 지속적인 스트레스가 쌓여 괴롭고 점점 더 빨리 화가 나는 것 같다. 혹은 점점 더 자주 무기력한 상태에 빠진다. 그런 상태에서 고통도 즐거움도 더는 느끼지 못한다. 그냥 모든 게 너무 벅차다.

이제 다음과 같은 일이 일어난다. 어느 날 아침에 잠에서 깨니 아무것도 보이지 않는다. 당신은 공포에 사로잡혀 구급차를 부른다. 병원에서 의사가 스트레스로 인한 급성 실명이라고 설명한다.

다행히 3개월 후면 저절로 사라진단다. 아무런 후유증 없이. 당신이 할 수 있는 일은 그냥 기다리면서 될 수 있는 대로 무리하지 않는 것뿐이다. 하지만 이제 당신이 맡고 있던 모든 책임과 업무는 어떻게 될까?

여기에서 무언가 대단한 일이 일어난다. 모든 것은 어떻게든 해결된다. 당신이 맡았던 업무를 다른 사람들이 대신 처리한다. 물론 당신만큼 능숙하지 못하지만, 거의 모든 것을 처리한다. 솔직히 오히려 그들이 더 잘하는 부분도 많다.

당신이 건강을 회복하고 어쩔 수 없이 명상을 하며 화를 가라앉히는 동안에도 삶은 계속 흘러간다. 어쨌든 스트레스를 일으키는 상황에 당신을 붙들어두었던 모든 이유는 연기처럼 사라진다. 상황은 훌륭히 해결된다. 도움을 받아들이는 것이 얼마나 좋은지 깨닫는다. 전에는 변화가 너무나 두려웠지만 놀랍게도 지금 일어나는 변화는 괜찮고 견딜 만하다. 이제 잃어버린 일의 책임이 별로 중요하지 않았다는 사실을 알게 되었다.

당신 없이도 모든 일이 아주 잘 굴러가리라는 사실을 예전에는 절대 믿지 않았을 것이다. 물론 그 사실이 마음을 약간 아프게 하지만, 당신의 어깨에서 엄청난 짐을 덜어내기도 한다. 모든 것은 당신에게 좋은 방식으로 해결된다. 다시 건강해지면 세상이 다르게 보이리라는 사실을 당신은 알고 있다.

Point

◇ 며칠 동안 계속 스트레스를 받고 있다면, 매일 저녁 스트레스 일기를 적기 시작하라.

◇ 지금 맡고 있는 업무와 책임을 포기할 수 있는지 스스로 곰곰이 생각해보라.

◇ 스트레스를 더 잘 다룰 수 있도록 체력을 높일 계획을 세우자.

3 | 인생의 방향을 잃었을 때 퀘스트를 찾아내는 법

성취하고 싶은 것에 대해 이야기할 때 사람들은 자신의 인생을 풍요롭고 의미 있고 보람 있게 만드는 퀘스트를 생각한다. 그것은 틀림없이 우리가 소망할 수 있는 일 중 가장 멋지고 만족스러운 일일 것이다.

하지만 그런 퀘스트를 어떻게 찾을까? 제3 마음 습관 '결정을 내리기가 어렵다면 인생에 퀘스트가 없다는 뜻이다' 부분에 이미 질문들이 나와 있다. 그 질문들을 이용해 어떤 활동이 당신의 삶에 의미를 부여할 수 있는지 찾아낼 수 있다. 여기에 인생의 퀘스트를 찾아내는 기술을 몇 가지 더 소개한다.

본래 잘할 수 있는 일이 있고 그렇지 못한 일이 있다. 어떤 사람은 음악이나 숫자 감각이 뛰어나고 다른 사람은 언어 감각이 뛰어나다. 또 다른 사람은 신체 감각이 뛰어나다. 혹은 유난히 공감력이 높은 사람도 있다. 그런 능력을 우리는 소질 혹은 재주라고 부른다.

하지만 능력은 대부분 소질 없이도 훈련을 통해 크게 향상시킬 수 있다. 소질을 타고나지 않은 영역에서도 장점을 개발할 수 있다는 뜻이다.

지금 소개할 기술에서는 타고난 소질과 훈련으로 만들어낸 장점을 동등하게 다룬다. 지금 당신에게 어떤 일이 쉽게 여겨지는지, 당신이 그 영역에 능숙한지 아닌지가 중요할 뿐이다. 무언가를 잘할 수 있으면 그 능력을 이용해 다른 사람들도 더 잘 도울 수 있다. 게다가 쉽게 해낼 수 있는 활동일수록 더 즐거운 법이다. 자신에게 이렇게 물어보라. "내 장점을 이용해서 어떤 퀘스트를 만들 수 있을까?"

이 질문에 답하고 싶다면 먼저 자신의 장점이 무엇인지부터 알아야 한다. 장점은 무언가를 다른 사람보다 더 잘할 수 있을 때에만 유효하다. 사람들에게 동기를 부여할 수 있는 것은 장점이다. 누구나 할 수 있는 일이 아니기 때문이다. 특별히 창의적인 것도 장점이다. 누구나 간단하고 쉽게 좋은 생각을 떠올리는 것은 아니기 때문이다. 당신은 다른 사람에게 받은 피드백이나 자기 관찰을 통해 이미 자신의 장점을 알아냈을지도 모르겠다. 그렇지 않은 경우, 다음과 같은 방식으로 장점을 알아볼 수 있다.

나만의 장점 찾는 법

1단계: 당신이 성취한 일들의 목록을 만들어라. 학교 졸업, 수료한 교육, 자격증, 행사를 준비했던 것 등. 혼자 힘으로 달성한 긍정적 결과와 성공을 찾아서 모두 적어라.

2단계: 2단계에서는 당신이 해낸 것을 하나하나 검토하며 자신에게 다음 질문을 던져보라. "내 장점 중 어떤 것이 여기에서 성공을 거두는 데 도움이 됐을까? 내가 다른 사람보다 더 쉽게 할 수 있는 일은 무엇인가?" 다음 장점 목록을 참고하라.

- 늘 좋은 아이디어가 떠오른다.
- 다른 사람에게 잘 공감한다.
- 멋진 프로젝트를 준비하고 사람들의 참여를 이끌어낸다.
- 음악을 잘 연주한다.
- 다른 사람들과 잘 협력한다.
- 손재주가 뛰어나다.
- 다른 사람을 잘 위로하고 용기를 북돋아준다.
- 정리 정돈을 잘 한다.
- 다른 사람을 설득하고 대다수의 의사를 대변하는 것을 잘한다.
- 다른 사람에게 아이디어나 물건을 잘 판다.
- 전문분야에 대해 잘 알고 있다.
- 사람들 사이에서 중재하는 일을 잘한다.
- 상황을 분석적으로 생각하고 유익한 결론을 내린다.
- 탁월한 언어 감각을 갖고 있다.
- 글을 잘 쓴다.
- 다른 사람과 잘 대화한다.
- 상황을 잘 파악한다.
- 용감하고 겁이 없어서 남들이 용기 내지 못하는 일을 과감히 한다.
- 상황을 잘 설명한다.
- 다른 사람을 잘 가르치고 이끈다.
- 기술적인 것을 잘 이해한다.
- 숫자와 관련된 것을 잘한다.
- 질서를 세우고 유지하는 것을 잘한다.
- 신체 감각이 좋고 운동을 잘한다.
- 인간관계가 좋고 인맥이 넓다.
- 운동 신경이 좋다.
- 디자인, 색상, 형태에 대해 좋은 감각을 갖고 있다.
- 방향을 잘 찾는다.
- 지치지 않고 다른 사람을 잘 돌본다.
- 상황을 오랫동안 버텨 내고 프로젝트를 실제로 끝마치는 것을 잘한다.

사실 자신의 장점을 찾아내는 일은 결코 쉽지 않다. 우리는 자신의 장점을 보지 못할 때가 많다. 그 장점이 아주 당연해 보이기 때문이다.

여기에서 중요한 단서가 되는 것은 당신이 조급해질 때다. 언제 다른 사람 때문에 안달하는가? 다른 사람이 무언가를 잘하지 못하거나 너무 느려서 화가 나는 때는 언제인가? 그런 상황에서 조급해지는 것은 당신이 그 일을 유난히 잘하는 데다 다른 사람들도 당신만큼 그 일을 잘할 것으로 기대하기 때문일 수 있다. 다른 사람들 때문에 조급해지는 상황을 이용해 자신의 장점을 찾아내 보라.

장점을 잘못 알고 있는 경우도 가끔 있다. 우리가 장점으로 믿는 것 중에는 갖고 싶을 뿐이지 실제로는 전혀 갖고 있지 않은 장점이 있다. 자신을 완전히 과대평가하는 사람들을 본 적이 있을 것이다. 안타깝지만 그런 일은 당신에게도 일어날 수 있다.

해결책은 친구와 지인에게 당신의 장점을 물어보고 그들도 당신이 장점으로 평가하는 부분을 인정하는지 알아내는 것이다. 친구들은 당연히 솔직한 의견을 말해야 한다. 친구들이 당신의 장점을 인정하지 않더라도 화를 내선 안 된다.

어쨌든 여기에서 중요한 것은 거짓 없는 자기인식이다. 우리의 장점에 대한 제3자의 피드백은 언제나 유익하다. 미처 몰랐던 단점이 있을 수도 있고 자신을 과대평가하거나 과소평가할 때도 있기 때문이다. 다른 사람들에게 우리가 무엇을 잘할 수 있는지 물었을 때 그들이 아무 답변을 주지 못한다면 물론 실망스러울 것이다. 보통 그들이 우리의 장점을 평가할 수 없는 것은 단지 우리가 무엇을 잘하는지 눈여겨보지 않았기 때문이다. 혹은 지금까지 어느 특정 분야에서만 우리를 겪어봤기 때문에 우리가 다른 분야에서는 어떤 장점을 갖고 있는지 알지 못할 수도 있다.

3단계: 37쪽에 당신의 퀘스트를 찾을 수 있는 질문들이 나와 있다. ('나만의 퀘스트를 찾는 질문들' 참조) 이제 당신의 장점 중 하나를 골라 그것을 가지고 질문들을 검토해보라. 질문을 각 장점과 연결 지어보라. 예를 들어 "나는 누구를 돕고 싶은가?"라는 질문을 장점과 연결 지으면 "나는 '숫자를 잘 다룬다.'는 장점을 이용하여 누구를 돕고 싶은가?"가 된다.

좋아하는 것을 이용해 인생의 퀘스트 찾기

다음 기술은 앞서 나온 기술과 비슷한 방식으로 진행된다. 다만 이번에는 당신이 좋아하는 것을 이용해 퀘스트를 찾는다. 이조합은 특히 효율적일 수 있다. 대개 좋아하는 것을 할 때 우리는 의욕에 넘치기 때문이다.

1단계: 정말로 좋아하는 것, 즐기는 것, 당신을 행복하게 하는 것에 대해 생각하라. 그런 다음 그것들로 다음과 같은 긴 목록을 만들어라.

◇ 정원에서 그물침대에 누워 있는 것을 좋아한다.

◇ 오랫동안 숲에서 산책하는 것을 좋아한다.

◇ 시금치를 좋아한다.

◇ 자전거를 타고 여행하는 것을 좋아한다.

◇ 위스키를 좋아한다.

◇ 케이크를 좋아하고 케이크를 굽는 것도 좋아한다.

◇ 등산하는 것을 좋아한다.

◇ 여름에 야외 수영장에 가는 것을 좋아한다.

2단계: 이제 좋아하는 것을 서로 연결해서 상위개념을 찾아라. 앞의 예는 두 가지 유형으로 구분될 수 있다. 첫 번째 유형은 자연에서 하는 활동(그물침대에 눕기, 등산, 숲 산책, 자전거 여행)이고, 두 번째 유형은 먹고 마시는 것과 관련된 활동(케이크, 위스키, 시금치)이다.

3단계: 이제 37쪽에 있는 질문들을 가지고 당신이 찾아낸 상위개념에 대해 각각 다음과 같이 검토해보라. "자연과 관련된 영역에서 나는 무엇을 목표로 삼고 싶은가?" 혹은 "먹고 마시는 것과 관련된 영역에서 어떤 문제가 해결되어야 하는가?"

좋아하는 것과 연결된 질문을 바탕으로 자신에게 가능한 퀘스트를 발견할 수 있다. 위의 예에서 가능한 과제는 장거리 도보 여행 혹은 친구들을 위해 케이크 굽기 강습일 것이다. 좋아하는 것을 이용해 퀘스트를 발견하는 기술은 간단하고 효과적이다.

자신의 가치에 어울리는 퀘스트 찾기

86쪽부터 당신은 자신의 중요한 가치를 찾아 명확히 표현하는 법을 배웠다. ('가장 중요한 가치 고르기' 참조) 이제는 그 가치를 이용해야 한다. 당신의 가치에서도 의미 있고 중요한 퀘스트를 계속 이끌어낼 수 있기 때문이다. 지금 그 방법을 알아보자.

가치를 몇 가지 고른 다음 37쪽에 나와 있는, 퀘스트를 찾기 위한 질문들을 살펴보라. 질문을 당신의 가치에 맞추어보라. 예를 들어 "'협동'이라는 가치와 관련해서 나는 어떤 주제에 관심이 많은가?" 혹은 "나의 가치들 중 '사랑' 및 '규칙'과 관련해서 나는 어떤 행동을 하는가?"

당신의 이상적인 퀘스트

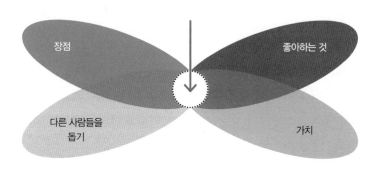

이 기술은 특히 가치들을 조합하고 그 조합에서 퀘스트를 만들어낼 때 효과적이다. 예를 들어 가치 중에 '협동'과 '운동'을 고른다면 이 조합은 '달리기 동아리를 조직하기'라는 퀘스트로 이어질 수 있다. 혹은 '정의'와 '창의력'이라는 가치를 고른다면 이 조합에서는 사회정의를 더 많이 이루기 위해 캠페인을 벌이는 것이 퀘스트가 될 수 있을 것이다.

상상해보자. 삶에서 자신의 퀘스트를 찾아냈음에 감사한다. 퀘스트가 사소한 것일 수도 있고 무언가 대단한 것일 수도 있지만, 그런 건 중요하지 않다. 중요한 것은 퀘스트 자체다. 현재 자신의 삶에 의미와 기쁨을 부여하는 무언가를 가지고 있다는 사실이 얼마나 중요한지 당신은 알고 있기 때문이다. 퀘스트는 매일 당신의 삶과 일상을 보람차게 만들고 행복으로 채워준다.

이 퀘스트가 얼마나 놀라운 방식으로 삶에 밀접히 연결되어 있는지 당신은 매일 깨닫는다. 퀘스트는 방향과 초점을 부여한다. 당신은 자주 퀘스트에 대해 곰곰이 생각한다. 어떻게 해야 퀘스트를 강화하고 확대할 수 있는지, 어떻게 해야 더 많은 기쁨과 만족을 이끌어낼 수 있는지 생각한다. 덕분에 당신은 삶에서 자신의 자리를 찾았다는 느낌을 받는다. 그것은 아주 멋진 경험이다.

쓸모 있는 존재가 되는 것, 무언가 퀘스트를 갖고 있는 것은 좋은 일이다. 퀘스트를 수행하면서 자신의 사랑과 노력을 통해 실제로 세상에 변화를 만들어낸다. 생각과 행동을 통해 무언가를 창조해낸다. 좋은 일을 지지하거나 무언가를 보호할 수 있다.

따라서 당신은 퀘스트를 갖고 있는 것이 기쁘다. 고맙다고 말한다. 상상력을 이용해 고마움을 몸소 느껴보려고 시도한다. 퀘스트를 당신의 삶으로 불러들이기 위해, 그 퀘스트를 점점 더 강화하고 확고하게 만들기 위해.

 Point

◇ 우울하거나 허무하다고 느낄 때, 내 인생에 방향과 의미를 부여하는 퀘스트를 찾자.

◇ TV 시청이나 인터넷 검색, 컴퓨터 게임에 너무 많은 시간을 쓴다고 느낄 때, 행복해지려면 인간에게 퀘스트가 필요하다는 사실을 기억하자.

◇ 생각이 너무 많아지거나 불만이 생기기 시작할 때, 이 책에 나온 기술들을 이용해 다음 퀘스트를 찾아보자.

4 | 무턱대고 비난하는 습관 멈추는 법

보통 우리는 세상을 실제보다 더 나쁘게 여긴다. 나쁜 소식이 좋은 소식보다 더 잘 팔리기 때문이다. 나쁜 소식이 사회 관계망 서비스를 통해 더 자주 공유되기 때문이다. 나쁜 소식이 우리 의식 속에서 더 중요한 자리를 차지하기 때문이다.

그러다 보니 우리는 흔히 세상을 속속들이 암울하고 끔찍하고 불공평한 곳으로 느끼게 된다. 미치고 싶지 않다면, 당신은 의도적으로 무언가를 견주어 보고 제4 마음 습관 '세상을 있는 그대로 바라본다'를 명심해야 한다. 작정하고 찾아보면 어느 곳에서나 사랑과 공감, 도움을 발견할 수 있다.

세상은 나쁘지만도 않고 좋지만도 않다. 세상은 둘 다이다. 그 모든 것이 세상이다. 나쁜 소식이 홍보에 더 유리하고 눈에 더 잘 띄는 것뿐이다. 따라서 세상을 비관적으로 보지 않으려면 치우쳐 있던 관점을 바로잡고 자세를 바꾸어야 한다.

> 확실하게 미치기 위해서는 매일 두세 시간씩 뉴스를 보기만 하면 된다.

좋지 않은 뉴스를 들으면 우리는 대개 자신도 모르게 특정한 방식으로 대응한다. 이를테면 다음과 같이 생각한다. '아이고, 끔

찍해라. 세상은 너무 불공평해. 부자는 점점 더 부유해지고 가난한 사람은 점점 더 가난해지지. 그런데도 정치인들은 관심도 없다니까.'

당신은 이 기술을 이용해 좋지 않은 뉴스에 대한 무의식적 반응을 훈련할 수 있다. 훈련을 거치고 나면 부정적인 뉴스에 대해 좀 더 편안하고 침착하고 현실적으로 대응하게 된다.

다음번에 나쁜 뉴스를 들을 때는 화를 내지 말고 다음과 같이 혼잣말하면 된다. "나쁜 뉴스는 넘쳐나고 좋은 뉴스는 거의 없어. 여기에서 내가 듣고 있는 뉴스는 불완전한 뉴스일지도 몰라. 나는 진실을 다 알지 못해. 게다가 이 사건이 나의 영향력 범위 안에 있지 않은 한, 내가 신경 쓸 이유는 없어. 세상이 더 좋아지고 공평해지길 바란다면, 차라리 내가 영향을 미칠 수 있는 일에 신경 쓰는 게 나아. 따라서 이 뉴스는 내게 아무런 의미가 없어."

이 상황에 적합한 실행 의도는 다음과 같다. "부정적 뉴스를 들으면 나는 이렇게 생각한다. 나는 지금 여기에서 내가 할 수 있는 일을 할 거야."

매일 몇 차례 잠깐 짬을 내어 이 실행 의도를 조용히 말하라. 그리고 나쁜 뉴스를 들을 때 실행 의도에서 표현한 대로 반응하는 모습을 상상하라. 이것은 나쁜 뉴스를 더 편안하고 침착하게 다루는 연습인 동시에 제1 마음 습관을 기억하고 마음에 깊이 새기는 계기다.

쓸데없는 정보를 차단하는 미디어 다이어트

기존 미디어뿐 아니라 소셜미디어도 부정적 뉴스를 쏟아내는 일에 깊이 연관되어 있다. 이런 환경에서 자신을 보호하기 위한 간단한 방법은 스스로 미디어 다이어트를 처방하는 것이다. 나쁜 뉴스를 접하는 양과 횟수를 줄여라. 여기에 미디어 다이어트 방법을 몇 가지 소개한다.

◇ 텔레비전 뉴스를 하루에 한 번만 보라. 그 외에 뉴스 방송은 전혀 보지 마라.

◇ 일간 신문이나 인터넷 뉴스를 읽는 대신 주간 신문을 정기 구독하라. 주간 신문은 당신의 인생에 아무 의미도 없는 나쁜 뉴스를 사소한 것까지 전부 싣지는 않기 때문이다.

◇ SNS에서 규칙적으로 부정적 정보와 뉴스를 제공하는 사람이나 단체와는 모두 관계를 끊어라.

◇ 소셜미디어를 완전히 끊고 차라리 문자메시지, 메신저 앱 등을 이용해 친구들과 연락하라.

이 방법들을 7일이나 15일이나 30일 동안 시도해서 그것이 당신에게 어떤 영향을 미치는지 시험해보자.

일반적으로 우리는 미디어 다이어트를 하는 동안 무언가를 놓치고 중요한 정보를 얻지 못할까봐 두려워한다. 친구 및 직장 동료와 나눌 수 있는 이야깃거리가 더는 없을까봐 걱정한다. 두 가지 문제는 모두 단번에 해결될 수 있다. 친구나 지인을 만날 때 이렇게 말해보라. "당분간 뉴스를 전혀 읽지도 듣지도 않는 실험을 하는 중이야. 그래서 최근 소식을 하나도 몰라. 요즘 중요한 세상 소식은 뭐가 있어?" 이렇게 하면 정말로 알아둘 가치가 있는 정보를 언제든 얻을 수 있을 뿐 아니라 다른 사람과 나눌 이야깃거리도 부족하지 않게 된다.

아무도 안 한다면 내가 먼저 하라

세상의 나쁜 소식과 좋은 소식은 같은 수단을 가지고 겨루지 않는다. 나쁜 소식 뒤에는 나쁜 소식을 활용해 돈을 버는 수많은 기업들이 버티고 있다. 반면에 좋은 소식은 자원봉사에 의존한다. 즉, 좋은 소식을 의도적으로 자진해서 퍼뜨리는 사람들에게 의존한다. 그들은 좋은 소식이 희망과 낙관주의를 전파한다는 사실을 잘 알고 있다. 그리고 우리에게는 그런 감정이 더 많이 필요하다.

따라서 이 기술을 이용해 당신 자신이 좋은 소식의 전달자가 될 것을 추천한다. 어디에 있든 당신이 찾아낼 수 있는 좋은 소식들을 수집하라. 좋은 소식을 적은 다음 목록을 가지고 다니며 규칙적으로 계속 좋은 소식을 목록에 추가하라. 좋은 소식은 다음과 같은 것들일 수 있다.

◇ 세상의 긍정적 발전

◇ 문제를 해결한 사람들에 관한 이야기

◇ 공감과 협동, 단결에 관한 이야기

◇ 인생에서 자신의 퀘스트를 찾아낸 사람들에 관한 이야기

◇ 무언가 좋은 일을 한 사람들에 관한 이야기

◇ 좋은 일을 하는 단체에 관한 이야기

◇ 돈을 기부하거나 긍정적 발전을 지원하는 사람들에 관한 이야기

좋고 긍정적인 소식을 모아 퍼뜨리는 것을 퀘스트로 삼아라. 물론 화내지 않고 다른 사람들을 포용할 수 있는 방식을 찾아내야 한다. 사람들은 대부분 좋은 소식을 듣는 것에 아직 익숙하지 않기 때문이다. 좋은 소식에 대해 말할 때 추천할 만한 방식은 좋은 소식으로 이야기를 꾸리는 것이다.

◇ 우선 극복해야 하는 문제나 장애물, 저항에 대해 간단히 이야기해서 듣는 이의 주목을 끌어라.

◇ 그런 다음 문제가 어떻게 해결되었는지 문제 자체보다 더 상세히 설명하라. 그러면 좋은 일, 해결책, 긍정적 소식이 처음에 나온 문제보다 더 큰 비중을 차지하게 된다.

"벤은 내 친구의 14살짜리 아들이야. 어찌된 일인지 학교에서 나쁜 친구들과 어울리더니 물건을 훔치다 걸렸어(문제). 내 친구는 벤을 강제로 어느 프로젝트에 참여하게 했지. 청소년들이 함께 작은 집을 짓는 프로젝트였어(해결책). 프로젝트 관리자의 말에 따르면 벤이 리더 역할을 맡았다더군. 학교가 끝나면 벤은 목공 일을 가르치고 싶어서 아주 신이 나 있대. 스스로 작은 집을 지어볼 거래. 정말 멋진 일이야!"

좋고 감동적인 이야기 및 소식을 전달하는 사람이 돼라. 그것

은 당신 자신과 다른 사람에게 희망을 준다. 미칠 것 같은 상황에 처한 사람의 수를 줄이는 데에도 도움이 된다.

선한 일을 하고 다른 사람을 도우면 실제로 행복해진다. 선한 이야기에서는 모든 이가 승자다. 당신은 자신의 퀘스트를 (제3 마음 습관 참조) 가지고 세상을 좀 더 좋게 만든다는 성취감을 얻는다.

물론 선한 행동을 할 때에도 늘 조심해야 한다. 의도가 좋아도 상황이 악화되는 경우가 흔히 있기 때문이다. 아이를 보호하고 최선의 환경에서 돌보기 위해 지나치게 관심을 기울이는 헬리콥터 부모가 그런 예다. 그 결과, 아이는 의존적이 되어 어려움을 극복하는 법을 전혀 배우지 못한다. 혹은 반대로, 부모가 아이에게 가능한 한 많은 자유를 주기 위해 모든 것을 허락하면 그 부모는 아이를 아무 목표 없이 헤매는 어른으로 키우는 꼴이 된다.

따라서 좋은 의도를 갖는 것뿐 아니라 수단과 방법이 정말로 건설적인지에 대해서도 주의를 기울여라. 단지 도덕적으로 다른 사람들보다 앞서기 위해 선한 행동을 하려는 건 아닌지도 주의하라. 선한 일을 해야겠다는 생각이 들면 일단 자신에게 다음 질문들을 던져보라.

◇ 문제를 해결하기 위해 내가 할 수 있는 것은 무엇일까?
◇ 다른 사람들을 도우려면 나는 어느 부분에 참여할 수 있을까?
◇ 내가 좋아하는 것들과 장점들 중 어느 것을 이용하면 세상을 좀 더 개선할 수 있을까?
◇ 주변 사람들에게 필요한 것을 나는 어떤 식으로 마련해줄 수 있을까?

이 질문들을 이용해 스스로 좋은 이야기의 주인공이 될 수 있
는 방법을 찾아보라. 언젠가 다른 사람들의 입에 오르내리거나 신
문에 보도될 이야기의 주인공이 될 수 있는 방법을.

상상해보자. 아침에 일어나니 다음과 같은 느낌이 든다. 세상
의 모든 것이 서로 연결되어 있다. 세상은 그 나름의 논리를 가지
고 있다. 세상의 모든 것은 양면을 가지고 있다.

당신은 세상이 늘 아름답지만은 않다는 사실을 알고 있다. 세
상에는 고통 받는 사람이 많다. 모든 이는 마음속에 분노와 질투,
거만함도 지닌 채 살아간다. 우리 인간은 완벽하지 않기 때문이
다. 우리는 모두 악한 면을 지니고 있기 때문이다. 그래서 나쁘고
잔인한 일들이 일어나는 것이다. 당신은 세상의 어두운 면에 대해
생각하며 슬픔과 동정심을 느낀다.

하지만 사람들이 서로 힘을 모으는 상황, 서로 도울 수 있는 상
황을 즐긴다는 사실 또한 당신은 알고 있다. 세상에는 협동과 단
결이 아주 많이 존재한다. 함께할 때 더 많은 것을 이룰 수 있다는
사실을 사람들이 알고 있기 때문이다. 세상의 이런 아름답고 좋은
면을 생각하면 이 지구에서 살고 있다는 사실이 기쁘게 느껴진다.

당신은 모든 것에 양면이 있다는 사실을 알고 있다. 밝음은 어
둠이 있어야만 뚜렷해질 수 있다. 강점은 약점이 있어야만 생길
수 있다. 지혜로움은 어리석음이 지배했던 곳에서만 분명해진다.
선함은 악함과 구분되어야만 드러날 수 있다. 세상은 두 얼굴을
가지고 있다. 동정심이 있는가 하면 무관심도 있다. 사랑과 미움,

잔인함과 선함, 외로움과 협동이 함께 있다. 모든 것이 나란히 존재한다.

당신은 각양각색의 세상을 있는 그대로 바라볼 수 있다. 어차피 잔인함도 다정함도 모두 인간의 본성이기 때문이다.

세상을 있는 그대로 바라보고 인정할수록, 세상을 더 안정적으로 받아들이고 세상의 선함을 강화하는 데에 힘을 더 많이 쏟을 수 있다.

당신은 숨을 한 번 깊이 쉰 다음 모든 것이 본래 그렇다는 것을 되새기며 하루를 시작한다.

 Point

◇ 나쁜 소식을 들으면, "세상에는 좋은 일도 있고 나쁜 일도 있어. 사람들이 좋은 일보다 나쁜 일을 더 자주 이야기해서 나쁜 일이 기억에 더 잘 남아 있는 것뿐이야. 하지만 좋은 일도 나쁜 일과 마찬가지로 강한 영향을 미쳐."라고 생각한다.

◇ 누군가가 무언가 나쁜 일에 대해 이야기할 때, "그건 이야기의 일부분에 불과할 거야. 전체 이야기는 훨씬 더 복잡할지도 몰라."라고 생각한다.

◇ 어떤 문제가 보이면, 그 문제를 없애는 것을 퀘스트로 삼을 수 있는지 곰곰이 생각한다.

◇ 아침에 일어날 때, "오늘은 좋은 이야기를 더 많이 모아야지."라고 다짐한다.

5 | 우리가 언제나 감사하며 시작해야 하는 이유

모든 삶에는 부족하거나 바꾸고 싶은 것들이 있고 고마운 것들도 있다. 삶의 좋은 면을 더 많이 바라볼수록 우리는 더 행복하게 지내게 된다.

원하는 상태가 아닌 것을 모두 무시해야 한다는 뜻이 아니다. 그것을 바꿀 수 있고 바꾸고자 한다면, 당연히 무엇을 할 수 있을지 계획을 세워야 한다. 하지만 그런 경우가 아닐 때에는, 차라리 초점을 다른 곳으로 옮기는 게 낫다. 당신이 고맙게 여기는 것, 당신의 삶에 존재하는 좋은 것을 바라보라. (제5 마음 습관 참조) 그것은 당신이 직접 영향을 미칠 수 있는 일이기도 하다.

당신은 머릿속에 불쑥불쑥 떠오르는 생각들을 통제할 수 없다. 하지만 그 생각들에 어떻게 대응할지는 통제할 수 있다. 무언가가 부족하다는 생각에 잠겨 있는 것을 깨달았다면 이렇게 생각해보자. "그래, 맞아. 내게는 그것이 부족해. 그런 면에서는 다른 사람들이 나보다 나아. 하지만 그 대신 내 삶에는 다행히 A, B, C, D, E가 있잖아. 이 부분들에 있어서는 내가 다른 사람들보다 낫지." 당신이 감사할 수 있는 것은 아주 많다.

다음 기술들을 이용하면 모든 가능한 영역에서 감사할 점을 찾아낼 수 있고 그에 따라 의욕도 잔뜩 얻을 수 있다.

기본적인 것에 감사하기

당신의 나라는 평화롭다. 거리는 안전하다. 당신은 생각을 자유롭게 말할 수 있다. 굶주림에 고통받지 않는다. 항상 깨끗한 물을 사용할 수 있다. 대부분의 사람이 건강보험 혜택을 받을 수 있다. 당신에게는 살 집이 있다. 학업과 교육이 무료다. 당신은 출신이나 종교 때문에 괴롭힘을 당하지 않는다. 휴대폰을 갖고 있다. 인터넷을 사용할 수 있다. 대중교통을 이용할 수 있다. 아니면 최소한 자전거를 갖고 있다. 심지어 자동차를 갖고 있을 수도 있다. 전 세계에는 이 모든 것을 당연한 것으로 여기지 못한 채 사는 사람이 엄청나게 많다.

물론 당신은 이 모든 항목에 "하지만…"이라는 말로 이의를 제기할 수 있다. 하지만 학교 교육은 점점 더 나빠지고 있다. 하지만 건강보험 혜택은 공평하지 않다. 하지만 내 인터넷은 느리다. 하지만 피부색 때문에 차별받는 사람들이 있다…….

모두 맞는 말이다. 그럼에도 당신의 삶에는 고마움을 느낄 수 있을 정도의 기본적인 자본이 갖추어져 있다. 현재를 균형 있는 시각으로 보기 위해서는 가끔 이 사실을 떠올리는 것이 좋다. 이곳에서 살아갈 수 있다는 것만으로도 우리는 엄청난 특권을 누리는 자들이다.

예를 들어 "나는 살아 있는 것에, 숨 쉬는 것에, 오늘 하루를 살 수 있는 것에 감사해."라는 식으로.

나는 ○○함에 감사한다

평화로운 곳에 살아서

✓

매일 배불리 먹을 수 있어서

✓

깨끗한 물을 쓸 수 있어서

✓

건강보험이 있어서

✓

살 집이 있어서

✓

교육이 무료여서

✓

신념이나 종교 때문에 괴롭힘을 당하지 않아서

✓

편리하게 연락을 주고받을 수 있어서

✓

인터넷이 있어서

✓

자동차 / 자전거 / 대중교통이 있어서

**아직도 수십억 명의 사람에게는
이 중 많은 것이 당연하지 않다**

과거에 대해 감사하기

시선을 과거로 돌려 과거에서 자신이 감사할 수 있는 모든 것을 살펴보자. "이 나라에서 태어난 것을 감사해." "그런 좋은 곳에서 교육받은 것을 감사해." "어렸을 때 부모님이 나를 정성스럽게 보살펴준 것을 감사해." "남편을 만난 것을 감사해." 등.

태어났을 때부터 지금까지 10년 단위로 당신의 과거를 검토해보라. 0세부터 10세까지 기간에서 시작해 현재까지. 각 10년마다 자신에게 아래 질문들을 던져보라.

◇ 이 기간에 내게 어떤 좋은 일이 일어났는가?

◇ 이 기간에 나는 무엇을 배우고 깨우칠 수 있었는가?

◇ 이 기간에 나를 도와준 사람은 누구인가? 누가 내 곁에 있어주었는가?

◇ 이 기간에 나는 어떤 성취를 거두었는가?

◇ 이 기간에 나는 어떤 중요한 경험을 할 수 있었는가?

◇ 이 기간에 나는 어떤 소중한 것을 얻었는가?

종이 한 장을 가지고 10년 단위로 나눈 다음 과거에 있었던 일 중 현재 감사할 만한 일을 적는 것이 가장 좋다. 그러면 지금까지 당신의 삶에 일어났던 좋은 일을 전체적으로 살펴볼 수 있다. 일이 잘 풀리지 않거나 무언가 불만이 생길 때마다 이 종이를 꺼내 들고 지금까지 자신이 경험했던 좋은 일을 되새겨보라.

미래에 대해 감사하기

다음으로 미래에 초점을 맞추고 어떤 가능성에 감사할 수 있는지 곰곰이 생각해본다. 미래는 아직 정해진 것이 아니라서 선택과 기회로 가득하다. 당신은 그것들이 자신을 기다리고 있다는 사실에 감사할 수 있다. 인생에 가능성을 가지고 있다는 것은 일상에서 잊어버리기 쉬운 큰 특권이기 때문이다. 따라서 모든 선택과 가능성을 적어라. 아래의 질문들을 이용해서 미래에 당신이 어떤 것들을 선택할 수 있을지 찾아내보라.

◇ 어떤 여행지 혹은 주변의 어느 곳을 방문할 수 있을까?

◇ 어디로 이사할 수 있을까?

◇ 어떤 교육 및 추가교육을 받을 수 있을까?

◇ 어떤 새로운 경험을 할 수 있을까?

◇ 무엇을 만들고 짓고 창조할 수 있을까?

◇ 세상에 어떤 아이디어를 내놓을 수 있을까?

◇ 어떤 사람들을 알게 될까?

◇ 무엇에 도움이 될 수 있을까?

◇ 어떤 좋은 습관을 들일 수 있을까?

◇ 어떤 취미를 시도할 수 있을까?

◇ 아름답고 행복한 순간을 얻기 위해 무엇을 할 수 있을까?

◇ 하루하루 만족도를 높이기 위해 무엇을 할 수 있을까?

이 모든 질문이 이끄는 대로 인생을 살 수 있다면 당신은 그점에 대해 크게 감사해도 된다. 세상 사람은 대부분 당신보다 훨씬 더 제한된 가능성을 갖고 있기 때문이다. 선택 목록을 작성한 후 그 밑에 이렇게 적어라. "이렇게 많은 가능성이 나의 미래에 기다리고 있다는 사실에 감사한다."

일어나지 않은 일에 감사하기

여기에서 당신은 고정관념을 깨야 한다. 갖고 있거나 가질 수 있을 것이 아니라 갖고 있지 않은 것들이 중요하기 때문이다. 그런 것들에 대해서도 고마워할 수 있다.

기본적인 차원에서 당신은 아프지 않은 것, 가난하지 않은 것, 전쟁지역에 살지 않는 것, 굶주림에 고통받지 않는 것 등에 대해 고마워할 수 있다. 하지만 컴퓨터가 고장 나지 않은 것, 오늘 세무서에서 엉뚱한 서류가 오지 않은 것 등 훨씬 더 사소한 일에 대해서도 고마워할 수 있다.

이런 식으로 감사하는 것은 우리의 마음을 맑게 한다. 우리가 얼마나 잘 지내고 있는지 보여주기 때문이다. 무슨 일이 있어도 겪고 싶지 않은 일들을 곰곰이 생각해본 다음 이렇게 되뇌어라. "내가 그 일을 겪지 않은 것에 대해 감사해." 당신에게 도움이 될 만한 질문들을 아래에 소개한다.

◇ 나에게 일어날 수도 있었지만 일어나지 않은 불쾌한 일은 무엇인가?

◇ 내가 읽었던 나쁜 일들 중 나에게 일어나지 않은 일은 무엇인가?

◇ 나는 어떤 병에 걸리지 않았는가?

◇ 나는 어떤 사고를 당하지 않았는가?

◇ 나에게 어떤 불행이 일어나지 않았는가?

◇ 지금까지 나는 어떤 불공평한 대우를 받지 않았는가?

이런 사고방식은 일상에서 흔히 일어나는 사소하고 불쾌한 일에 적절한 균형을 잡아준다. 이제 그 일은 다시 우리에게 있는 그대로, 사소하고 중요하지 않은 일로 보인다.

나쁜 일이 일어났음에도 감사하기

이 기술은 여기에 소개된 기술 중 가장 어려운 기술인 동시에 제일 효과가 큰 기술이기도 하다. 핵심은 당신에게 일어나는 무언가 터무니없거나 불쾌하거나 고통스러운 일에 대해서도 감사할 수 있다는 것이다. 과거를 되돌아보면 겉으로 나빠 보였던 일이 나중에 무언가 좋은 일로 드러나는 경우가 많기 때문이다. 예를 몇 가지 들어보겠다.

◇ 스페인에서 우리는 자동차를 도난당했다. 하지만 그 일이 일어나지 않았다면 안토니오라는 친구를 알게 되지 못했을 것이다.

◇ 아내가 나를 떠났다. 그것은 도리어 잘된 일이었다. 그 덕분에 나와 훨씬더 잘 맞는 지금의 아내를 만날 수 있었으니까.

◇ 나는 회사에서 따돌림을 당했다. 하지만 그 일이 아니었다면 다시 교육을 받아 이 만족스러운 직업을 가질 수 없었을 것이다.

◇ 어머니가 알코올 중독 문제를 갖고 있어서 나는 일찍 자립하는 법을 배워야 했다. 그렇지 않았다면 나는 절대로 내 회사를 설립하지 못했을 것이다.

대다수의 불쾌한 경험에는 앞으로 있을 좋은 일의 씨앗이 심어져 있다. 불쾌한 일은 요리가 만들어지는 큰 냄비처럼 흔히 더 좋은 미래를 마련해준다. 고통스러운 일 자체에서도 우리는 무언가를 배울 수 있다. 대개 그런 깨달음은 즉시 생기지 않는다. 우선 우리는 슬퍼하며 고통을 견뎌야 한다. 하지만 그 시간이 지나고 나면 호기심이 싹트고 질문들이 생겨난다. 이 질문들을 이용해 우리는 나쁘거나 슬픈 일에서도 앞으로 있을 좋은 일의 씨앗을 찾아낼 수 있다.

◇ 이 일에서 나는 무엇을 배웠는가?
◇ 그 일이 없었다면 일어나지 않았을 좋은 일은 무엇인가?
◇ 그 일 때문에 어떤 능력을 길렀는가?
◇ 그 상황을 겪고 나서 얼마만큼 더 강해졌는가?
◇ 현재 내가 감사할 수 있는 이 일의 긍정적 영향은 무엇인가?

연습을 위해 당시에는 부정적이고 고통스럽게 느낀 과거 상황을 한 가지 고른 다음 자신에게 위의 질문들을 던져보라.

주기적으로 힘든 상황에서도 긍정적인 점을 찾아내는 연습을 하라. 모든 어려움에도 감사할 수 있는 점을 찾아내보라. 그럴 수 있다면 당신은 어려움을 이겨내고 삶의 모든 면을 더 잘 받아들이게 될 것이다. 이 기술이 유용한 것은 바로 그 때문이다.

매일 오늘의 좋았던 일을 기록하라

이 기술을 이용하면 감사하기를 습관으로 만들 수 있다. 매일 감사하기 위한 시간을 몇 분 내어 오늘 있었던 감사한 일을 모두 일기장에 적어라. 사소한 일까지 낱낱이 적어도 된다. "내 피부에 닿는 따스한 바람에 감사한다." "오늘 저녁 만날 친구가 있음에 감사한다." "내 자동차가 튼튼해서 정비소에 갈 필요가 거의 없는 것에 감사한다."라는 식으로.

대단한 일뿐 아니라 사소한 일에도 감사할 수 있는 부분이 많다. 하지만 그런 사소한 일들은 가끔 전혀 기억나지 않는다. 자신에게 다음 질문들을 던져보면 기억을 되살리는 데 도움을 얻을 수 있다.

◇ 내 삶에서 좋고 올바른 것은 무엇인가?
◇ 오늘 특별히 기뻤던 일은 무엇인가?
◇ 오늘 하루를 즐겁게 만든 사소한 일은 구체적으로 무엇인가?
◇ 내 삶에서 무엇이 없어지면 아쉬울 것 같은가?
◇ 다른 많은 사람에게는 없고 내게는 있는 좋은 면은 무엇인가?
◇ 나는 무엇을 즐기는가?
◇ 나는 무엇을 고대하는가?

이 질문들을 잘 읽어본 다음 감사함을 느끼는 크고 작은 것들의 목록을 적어보자. 서너 주 동안 감사 일기를 적겠다고 스스로 약속하고 매일 꾸준히 그 약속을 지킬 때 이 기술은 가장 좋은 효과를 낸다. 그러니까 당장 아무것도 생각나지 않아도 혹은 너무 피곤해서 마음이 내키지 않더라도 일기를 적어야 한다.

"나는 앞으로 30일 동안 매일 저녁 8시에 감사한 일 3가지를 감사 일기장에 적을 거야. 그 사이에 무언가 할 일이 떠오르면 그

매일 선택하라. 당신의 인생에서 좋은 면을 더 많이 볼 것인가 아니면 나쁜 면을 더 많이 볼 것인가?

일은 나중에 할 거야. 일기 쓰는 것을 꾸준히 기억하고 잊어버리지 않겠어."

30일 동안 일기를 적었다면 이제 자연스럽게 일기가 생각날 정도로 습관이 들었을 수도 있다. 이 기술을 이용해서 당신은 매일 새롭게 자신의 삶에서 감사한 것을 찾아내고 여유로운 기분을 느낄 수 있다.

잠들기 전, 감사한 일을 떠올려라

이 기술을 이용하면 당신은 틀림없이 매일 밤 기분 좋게 잠들 것이다. 방법은 아주 간단하다. 침대에 들어가 편히 누운 다음 당신이 감사하는 것들을 마음에 떠올린다. 매일 잠자리에 들 때 3가지를 생각해낸다. 그날 잘 풀린 사소한 일도 괜찮고 당신의 하루를 아름답고 보람 있게 만들어주는 일도 괜찮다. 물론 여기에서도 핵심은 이 기술을 규칙적으로 실행하는 것이다. 그러기 위해서는 밤에 잠자리에 드는 행동을 닻으로 이용할 수 있다. 이때 아래의 실행 의도가 도움을 준다.

"밤에 잠자리에 누우면, 오늘 있었던 감사한 일 3가지를 생각해본다."

이 의도를 만들어낸 다음 습관이 들도록 여러 번 되풀이해 연

습하라. 작고 간단한 기술이어도 효과는 상당히 클 수 있다.

상상해보자. 당신은 좋아하는 장소에 앉아 있다. 당신의 삶에 존재하는 좋은 것들이 모두 만족스럽고 감사하다.

당신의 삶은 완벽한가? 아닐 것이다. 다른 모든 이의 삶도 완벽하지 않은 것처럼. 그럼에도 당신은 삶의 좋은 면과 감사할 수 있는 일에 더 많이 집중하기로 마음먹었기 때문에 기쁘다.

당신의 삶에는 좋은 일이 아주 많이 있다. 다른 사람들이 당신을 부러워할 정도로 많다. 당신이 할 수 있는 일, 당신이 지닌 장점, 당신이 누리는 특권, 당신의 삶에 없어서는 안 될 물건이나 사람 등등.

물론 많은 일이 아주 잘 풀리지도 완벽하지도 않다는 사실을 당신은 알고 있다. 누구에게나 그렇듯이. 당신은 그 사실을 받아들인다. 그리고 무언가를 바꿀 수 있는 부분이 있으면 바꾼다. 하지만 자신에게 이롭고 옳게 느껴지는 일에 의도적으로 더 많이 더 집중적으로 관심을 기울인다.

당신은 좋은 것에 대해 감사하는 감정 속으로 깊이 가라앉는다. 삶에 존재하는 모든 아름다운 것들에 애정을 느낀다. 전체적으로뿐 아니라 개별적으로도.

감사는 좋은 것의 진정한 가치를 인정하는 길이다. 당신이 소중히 여기는 것이 무엇이고 그런 것이 앞으로도 더 많아지리라는 사실을 보여주는 길이기도 하다.

당신은 알고 있다. 당신이 누리고 사는 많은 것을 세상 사람은 대부분 당연하게 여기고 살지 못한다는 것을.

감사하다.

감사함을 느낀다.

삶 속의 좋은 것들을 감사라는 감정과 연결 짓는 일이 즐겁다.

 Point

◇ 물질적으로 부족하다고 느낄 때 되뇐다. "나는 세계인구의 85퍼센트보다 더 잘 지내고 있어. 물질적으로 필수적인 것을 모두 가지고 있어."

◇ 무언가에 불만이 생길 때 되뇐다. "내가 살아 있다는 것, 숨을 쉰다는 것, 오늘 하루를 살아낼 수 있다는 것에 감사해."

◇ 과거에 불만이 생기면 감사할 만한 과거의 일을 떠올려본다.

◇ 지루하거나 공허하게 느껴질 때 미래에 내가 갖게 될 모든 가능성을 적고 그것에 대해 감사한다.

◇ 무언가 어이없는 일이 일어나면 되뇐다. "거기에서 내가 어떤 교훈을 얻고 그 교훈이 내게 어떤 도움을 줄지 궁금해."

6 | '안 될 거야'라는 불안감에 무너지지 않으려면

제6 마음 습관 '내 기분은 내 책임이다'는 인생을 훨씬 더 간단하고 아름답게 만들어준다. 의미를 붙박아놓지 않고 당신이 원하는 대로 선택하는 법을 깨우치고 나면 왠지 모르게 마음이 한결 홀가분해진다.

이 습관을 규칙적으로 반복하는 것은 정서에도 많은 영향을 준다. 상황에 대한 의미를 스스로 바꾸는 사이에 상황과 직접 연결된 감정도 바뀌기 때문이다.

당신을 더 강하고 건설적이게 하는 의미를 찾아내라.

제6 마음 습관에서 이미 당신은 상황에 대한 의미를 바꾸는 방법을 여러 가지 배웠다. 여기에 제6 마음 습관을 계속 연습하고 더 자세히 알아볼 수 있는 기술들을 소개한다.

부정적인 습관 버리는 법

이 기술로 당신은 의미를 바꾸는 법을 훈련할 수 있다. 일상에서 힘든 일이 일어났을 때 별로 도움이 되지 않는 의미와 좀 더 유익한 의미를 찾아내보라. 별로 도움이 되지 않는 의미란 당신의 기분을 상하게 하는 의미, 좌절하게 하거나 자율성을 억누르는 의미를 뜻한다. 그와 반대로 상황에 유익한 의미는 침착함을 길러주고 적극적이고 자율적인 태도를 유지하게 한다.

여기에 설명한 상황과 그 상황에 적합한 의미를 살펴보면서 머릿속으로 당신이 살면서 겪은 상황으로 이입하려고 시도해보라. 더 나아가 그런 전형적이고 힘든 상황에 어떤 식으로 유익한 의미를 부여할 수 있을지 상상해보라.

상황: 무언가 계획한 것을 잘 해내지 못했다.

불리한 의미: "또 모든 일이 어긋나버렸네. 운이 나빴어. 내 탓이 아니었다고. 아무도 내게 기회를 주지 않아. 그런 일은 두 번 다시 시도하지 않을 거야. 그 일은 내 적성에 맞지 않아."

유리한 의미: "나에게는 아직 도움이나 연습이나 지식이 부족해. 지금 그건 처음 시도해본 거였어. 그 일을 해낼 때까지 여러 번 실패하더라도 그 실패에서 배우다 보면 언젠가는 성공이 찾아올 거야. 절대로 포기하지 않아."

상황: 누군가가 당신의 행동을 비난한다.

불리한 의미: "그 사람이 뭘 알아. 본인이나 잘하지. 그런 사람과는 아무 말도 하지 않겠어."

유리한 의미: "흥미로운 관점이네. 또 알아야 할 부분이나 개선해야 할 부분이 있는지 돌이켜봐야겠어. 피드백을 받는 것은 중요한 일이야. 가끔 적절하지 않은 피드백을 받을 때도 있긴 하지만. 거기에서 무언가 배울 점이 있을 수도 있어."

상황: 친구가 드릴을 빌려갔다가 망가뜨린 채로 돌려주었다.

불리한 의미: "빌려가기만 하면 망가뜨리네. 다시는 아무것도 빌려주지 않겠어. 더는 말도 섞지 않을 거야. 그 친구는 남의 물건을 더 조심해서 다룰 줄 알아야 해. 따끔한 맛을 보여주겠어."

유리한 의미: "친구에게 책임을 묻지 말자. 큰 금액도 아닌데 뭐. 물건은 망가지게 마련이야. 나도 그런 적이 있잖아."

원한다면 당신의 힘든 상황과 훨씬 더 잘 맞아떨어지는 예를 계속 찾아낼 수 있다.

끝으로 여기에 유리한 의미를 몇 가지 더 소개한다. 이 의미는 정신에 이롭다. 생각의 균형을 잡아주기 때문이다. 마음속으로 혼잣말을 할 때도 이용할 수 있다.

- ◇ 나도 그런 적이 있어.
- ◇ 인간은 완벽하지 않아. 나도 다른 사람들도.
- ◇ 내일이 있으니 낙심하지 말자.
- ◇ 나는 해낼 거야.
- ◇ 그것은 진실이 아니라 내가 스스로 확인해볼 수 있는 정보일 뿐이야.
- ◇ 내가 모든 사람을 좋아할 필요도 없고 모든 사람이 나를 좋아할 필요도 없어.
- ◇ 연습하면 더 잘하게 될 거야.
- ◇ 그런 일에 화내봤자 아무 소용없어.
- ◇ 사람은 언제 어디서 다시 만날지 모르니 친절한 태도를 유지하는 게 나아.
- ◇ 성공에 이르는 길은 실패와 배움, 개선으로 이루어져 있어.

◇ 나는 그것에 익숙해질 수 있어.

◇ 그 사람은 단지 부주의하거나 깊이 생각하지 않았을 뿐이야. 악의가 있어서 그런 것은 절대 아니야.

◇ 현실을 받아들이자. 결국 내가 끝까지 해낸 건 전혀 다른 일이었어.

◇ 한 달 후면 그것은 내게 아무 의미도 없을 거야.

◇ 세상에는 그런 일도 일어나게 마련이지. 나는 그 일을 받아들일 거야.

이런 문장들을 반복하고 마음에 새겨서 당신의 기본적 사고방식 및 의미부여 방식의 일부로 만들어라. 그러면 앞으로의 삶은 상당히 편안해진다.

새로운 의미에 새로운 감정이 깃든다

이 기술은 상황에 다른 의미를 부여해서 생활 속 감정이나 기분, 상태를 꾸준히 바꾸어나가는 데 도움을 준다.

1단계: 현재 당신의 감정이나 기분, 상태에서 시작한다. 무언가 바꾸고 싶은 것이 있다면 그것이 무엇인지 밝혀라.

"나는 압박을 느껴." "세상 일이 다 괴롭고 귀찮아." 혹은 "나는 꼭 해야 하는 일만 해."

2단계: 당신이 바꾸고 싶어 하는 일에서 숨은 의미를 찾아내라.

"나는 책임을 맡은 일이 너무 많아서 지금 꼭 해야 하는 일만 해. 아무도 나를 도와주지 않아. 모든 사람이 나를 찾아대는 통에 내 시간이 전혀 없어."

3단계: 당신이 상황에 부여하는 의미를 좀 더 자세히 살펴보라. 그 의미가 정말로 100퍼센트 진실인지 아니면 상황을 왜곡해서 보고 있는 것은 아닌지 따져보라. 자신이 확신하는 바를 바꾸는 일은 쉽지 않으므로 이 단계에 많은 노력을 기울여야 한다. 확신의 근거를 알아내려면 자신이 부여한 의미에 대해 스스로 질문을 던지고 될 수 있는 대로 솔직하게 답변해야 한다. 앞의 사례에 대한 질문과 답변을 소개하니 참조하기 바란다.

그것은 늘, 어디에서나, 누구에게나 해당하는 상황인가?

"아니. 주말에는 낫다. 게다가 친구가 세금에 관련된 일을 도와주었다."

당신의 주장과 반대되는 예는 없는가?

"있다. 내 배우자가 많은 일을 도와준다. 휴가 때 나는 몸만 가면 된다."

상황을 다르게 보는 사람들이 있는가?

"있다. 그들은 자신에게 별로 높은 기대를 걸지 않고 필요한 만큼만 일한다."

누군가가 나에게 무기를 들이대고 상황을 바꾸도록 강요한다면 나는 상황을 바꿀 수 있을까?

"솔직히 그럴 수 있을 것 같다. 자원봉사를 그만두면 업무시간을 줄일 수 있을 것이다. 아이들에게도 집안일을 더 많이 맡기면 된다. 다른 데서 어려운 문제가 생길지도 모르지만, 상황을 바꾸는 것은 가능할 것이다."

알겠는가?

의미를 절충하는 일은 쉽지 않을 것이다. 의미를 부여해놓고 발뺌할 수는 없기 때문이다. 그와 반대로 어떤 의미에 대해서는 금세 불확실하다는 생각이 든다. 그럴 경우, 관점을 쉽게 바꿀 수 있을 것이다. 당신이 상황에 부여한 의미에 의문을 제기하면서 괴로운 감정을 조금씩 줄여나가라.

4단계: 현재 감정 대신에 어떤 감정을 느끼고 싶은지 혹은 현재 상태 대신에 어떤 상태를 원하는지 곰곰이 생각해봐야 한다. "압박" 대신에 "침착함과 편안함에 중점을 둔다." "꼭 해야 하는 일만 한다." 대신에 "활기차게 삶을 즐기면서 일한다."

5단계: 이제 다음 문제를 곰곰이 생각해보라. "나와 비슷한 상황에 놓인 사람이 내가 느끼고 싶어 하는 것과 똑같이 느끼려면 어떻게 생각해야 할까? 혹은 이 일에 어떤 의미를 부여해야 할까?"

'압박' 대신에 '침착함'에 중점을 둔 감정을 예로 들어보자. '침착함'을 중점적으로 느끼려면 상황에 어떤 의미를 부여해야 할까? 좋은 의미를 찾기 위한 방법(59쪽 '무의식을 이겨내는 연습' 참조)과 '의미 훈련' 기술에서 도움을 얻어라. 가능한 의미들은 다음과 같을 것이다.

◇ 맞아, 할 일이 많아. 하지만 건강을 잘 관리하면 모든 것을 잘 극복할 수 있어.

◇ 차례차례 처리할 거야. 새로 생긴 업무와 책임은 뒤에 처리되어야 해.

◇ 단계별로 업무를 처리하고 단계마다 필요한 시간을 충분히 쓸 거야.

◇ 내가 서두르고 나 자신을 압박한다 해도 일이 더 빨라지지는 않아.

◇ 늘 내게 주어진 시간보다 책임과 업무가 더 많게 마련이야. 그러니 스트레스 받을 필요 없어.

◇ 기운을 되찾으려면 가끔 휴식을 취하며 긴장을 풀어야 해.

6단계: 마지막 단계에서는 새로운 의미를 연습해본다. 14일 동안 매일 몇 분씩 시간을 내어 당신이 생각해낸 새로운 의미를 익히고 자기 것으로 만들어라. 새로운 의미들을 반복해서 읽고 그 의미에 따른 태도를 거듭 상상하라. 아래에 이어서 소개할 새로운 의미와 관련된 정신 훈련을 실시하라.

이 6단계를 이용하면 당신이 원하지 않는 기분이나 상태를 더 좋은 기분이나 상태로 대체할 수 있다. 의미를 바꾸는 사이에 간단하게.

상상해보자. 당신은 아주 평범한 하루를 보내고 있다.

일상 속에서 자신을 다정하고 호기심 어린 눈길로 관찰한다. 자신의 감정과 생각을 알아차린다. 자신이 무슨 행동을 하는지 알아차린다.

스스로 상황에 부여하는 의미를 점점 더 자주 바꾼다. 의미를 바꾸는 일은 당신을 훨씬 더 자주 미소 짓게 하고 하루를 더 쉽고 부담 없이 지나가게 한다. 문제들도 때가 오면 극복하고 싶은 도전이 된다. 비판은 당신에게 침착함과 진실함을 훈련할 기회가 된다. 불운은 무언가 좋은 일로 바뀐다. 상대방의 불친절은 당신의 인격과 별 관계가 없다. 누군가가 당신을 싫어하면, 당신은 자신도 모든 사람을 온전히 받아들이고 좋아하는 것은 아니라는 사실을 즉시 떠올린다.

자신에게 일어나는 모든 일에서 기회를 찾는다. 성장할 기회, 그 일에서 무언가를 배울 기회. 상황에 좋거나 나쁘다는 꼬리표를 붙이지 않는 경우가 늘어난다. 자신이 부여하는 의미에 따라 상황을 보고 있다는 느낌이 자주 든다.

당신의 삶에서 점점 더 중요해지는 특성은 바로 호기심이다. 당신은 이제 일을 빨리 처리해버리지 않고 그 일이 어떤 긍정적인 면과 부정적인 면을 가질 수 있을지 자신에게 묻는다. 그 일이 겉으로 좋게만 보이거나 나쁘게만 보이더라도.

일상에서 당신은 자기 자신을 점점 더 가깝고 친밀하게 느낀다. 그리고 자신이 상황에 부여하는 의미를 의식적이고 주의 깊게 바라본다.

Point

◇ 무언가가 나를 괴롭힌다면, 내가 그 상황에 부여하는 의미를 적어라. 그런 다음 '새로운 의미, 새로운 감정' 기술을 이용한다.

◇ 누군가가 나를 불친절하게 대하면, "그건 나와 전혀 상관없는 일이야."라고 혼잣말한다.

◇ 안 좋은 일이 일어나면, "이 상황에서 어떤 좋은 일이 생겨날지 궁금하다."라고 혼잣말한다.

7 내 감정, 내 생각과 거리 두는 법

우리는 감정과 생각을 통제할 수 없다는 사실을 이미 잘 알고 있다. 감정과 생각은 우리 내면에서 저절로 생겨난다. 하지만 감정과 생각에 대응하는 방법, 내면에서 일어나는 충동을 다루는 방법은 통제할 수 있다. (제7 마음 습관 참조)

기분이 나쁠 때 기분을 풀기 위해 할 수 있는 일이 몇 가지 있다. 우선 운동을 할 수 있다. 운동은 신체를 넘어 감정까지 확실히 개선해주기 때문이다. 마음을 차분히 가라앉히기 위해 심호흡을 할 수도 있다. 위안이 되는 진실한 문장을 읊조려도 되고 자기 자신과 감정 사이의 연결을 끊어내도 된다. 아래 소개하는 실용적이고 효과적인 기술들에 이 모든 접근법이 들어 있다.

이미 말했듯이 당신은 무의식적인 감정과 생각을 통제할 수 없다. 지하철에 서 있다가 큰 걱정거리 하나가 불쑥 떠오르기도 하고 저녁에 집에 앉아 있는데 갑자기 절망적인 생각이 당신을 덮치기도 한다.

그런 일은 쉽게 일어난다. 그것에 대해 당신은 아무런 영향을 미치지 못한다. 하지만 감정적 흥분에 어떻게 대응할 것인지에 대해서는 충분히 영향을 미칠 수 있다.

거리를 두고 차분히 자신의 감정과 생각을 마주하는 법, 자신의 감정과 생각을 살피지 않은 채 무작정 흥분하지 않는 법을 연습할 수 있다. 실행 의도와 정신 훈련을 이용해서 자신의 감정과 생각을 건설적으로 다루는 법을 터득해보자.

당신을 자주 짓누르는 감정과 생각을 떠올려보자. 그런 다음
1. 당신이 의도하는 문장을 작성하고
2. 상황 및 당신의 반응을 머릿속으로 연기하여 무의식적인 감정과 생각에 대응하는 법을 훈련하라.

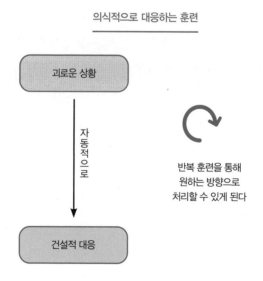

의식적으로 대응하는 훈련

과정이 어떻게 진행되는지 보여주는 몇 가지 예를 소개하겠다.

상황: 걱정되는 일이 생겼다.

긍정적인 대응: "걱정이 돼. 하지만 괜찮아. 내가 두려워하는 일 중 90퍼센트는 절대 실제로 일어나지 않아. 두려워하는 일이 일어나지 않게 하려면 무엇을 할 수 있을까? 할 수 있는 게 있다면 당장 해야겠지만, 없다면 생각을 다른 쪽으로 돌리는 게 낫겠어."

상황: 예상한 대로 일이 흘러가지 않는다.

긍정적인 대응: "그래, 내가 원했던 것과 다르네. 실망스럽고 좌절감이 들어. 그렇게 느껴도 괜찮아. 잠시 시간을 갖고 몇 차례 깊이 숨을 쉬자. 그러고 나면 이성적이고 긍정적으로 상황을 처리할 계획이 떠오를 거야.".

상황: 자신의 단점을 인정해야 한다.

건설적 대응: "그래, 나는 완벽하지 않아. 그래도 괜찮아. 다른 사람도 모두 마찬가지니까. 이제 두 가지 가능성이 있어. 단점을 인정하고 그대로 살든지 혹은 무언가 변화를 시도하든지."

이 정도면 마음 습관을 이해했을 것이다. 불쾌한 감정이나 부담스러운 생각이 문제인 경우 그것을 건설적으로 다루기 위한 접근방식은 늘 다음과 같다.

1. 무언가가 불쾌하게 느껴진다. 혹은 무언가가 부담스럽게 생각된다.
2. 느껴지는 대로 느끼고 생각나는 대로 생각한다. (제7 마음 습관 참조)
3. 상황을 있는 그대로 받아들인다.

4. 그런 다음 그 일이 실제인지 아니면 머릿속에만 존재하는 상상인지 곰곰이 생각한다.

5. 이제 그 일이 당신의 영향력 범위 내에 있는지 따져본다. (제1 마음 습관 참조)

6. 모든 것이 실제이고 그것에 대해 당신이 영향을 미칠 수 있다면, 무언가 조치를 취해야 할지 판단한다. (제10 마음 습관 참조)

7. 조치를 취하기로 판단했다면, 바로 행동에 옮겨라. 그렇지 않다면, 그 일에 관여하지 않는 것이 현명한 선택이다.

일단 움직여서 무거운 기분을 털어내기

우리의 생각과 감정이 늘 현실을 반영하는 것은 아니다. 그럼에도 불구하고 생각과 감정은 우리의 몸에 영향을 미친다. 우리는 불안이 진짜가 아니라고 수없이 혼잣말할 수 있다. 이성적으로도 그렇게 이해할 수 있다. 그런데도 우리의 몸은 긴장한 채 아드레날린을 분비한다. 손이 축축해질 정도로 땀이 난다.

이때 몸에 무언가 할 일을 주면 그런 증상을 없애는 데 도움이 된다. 예를 들어 몸을 움직이는 사이에 증상이 없어진다. 제일 간단한 방법은 산책이다. 평소보다 더 빠르게 걷는 것도 좋다. 보통 20분 정도면 충분하다. 물론 더 오래 걷는 것이 훨씬 더 효과적이다. 중요한 점은 몸에 활기를 약간 불어넣는 것, 평소보다 좀 더 깊게 숨을 쉬는 것이다.

기분을 푸는 가장 좋은 방법은 걱정과 감정을 파헤치는 것이 아니라 몸을 움직이는 것이다.

조깅을 하거나 자전거를 타도 좋다. 스쿼트, 팔굽혀펴기, 버피, 플랭크 등 맨몸 운동을 해도 된다. 제

감정과 생각을 유익하게 다루기

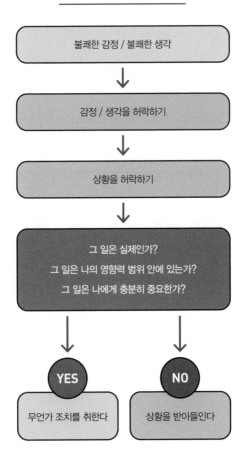

자리뛰기를 20번 하는 것도 좋고 텔레비전 앞에서 요가나 에어로 빅을 하는 것도 좋다. 효과를 더 많이 보기 위해 음악을 크게 틀고 좋아하는 노래에 맞춰 춤을 출 수도 있다. 무엇을 하든 괜찮다. 몸을 움직이면 기분이 바뀐다는 사실을 이해하는 것이 중요하다.

5분 호흡법

호흡을 통해서도 기분을 바꿀 수 있다. 여기에 간단한 호흡법을 소개한다.

1. 타이머를 5분으로 맞춰라.
2. 정상적으로 3차례 호흡하며 자신의 숨을 관찰하라.
3. 이제부터는 평소보다 약간 더 오래 숨을 내쉬어라. 정상적으로 숨을 들이마셨다가 내쉴 때는 의도적으로 1초 더 길게 내쉬어라. 이를 통해 호흡 리듬이 바뀔 것이다. 호흡이 몸을 지배하게 두라. 몸이 필요로 하는 만큼 숨을 들이마시되 내쉴 때는 평소에 몸이 알아서 내쉴 때보다 1초 더 길게 내쉬어라.
4. 타이머가 울릴 때까지 계속 그런 식으로 호흡하라.

그게 전부다. 이 호흡법은 감정과 생각을 누그러뜨리는 데 도움이 된다. 자신의 감정과 생각에 휘둘리고 싶지 않다면 이 기술을 익히고 훈련하는 것이 매우 유용하다.

알아차리기와 놓아주기

타이머를 필요로 하는 기술이 하나 더 있다. 이 명상 연습에서 당신은 내면세계에 대한 마음 챙김을 강화하고 자신의 감정 및 생각과 거리를 두는 법을 배운다. 연습은 다음과 같이 진행된다.

1. 타이머를 다시 5분으로 맞춰 놓아라. 익숙해지면 더 길게 해도 된다.

2. 조용히 자리에 앉아 두 눈을 감고 가볍게 호흡하라.

3. 1분 정도 지나면 내면에 주의를 기울이고 당신 안에 존재하는 감정과 생각을 찾는다.

4. 감정이나 생각을 발견할 때마다 당신은 마음속으로 이렇게 말한다. "안녕! 내가 널 봤어. 내가 널 느꼈어. 그러니 이제 너는 가도 돼." 그런 다음 생각이나 감정을 의식에서 살며시 밀어내고 다시 관찰자 위치로 돌아가 새로운 생각과 감정을 기다린다. 어떤 감정이나 생각이 자꾸 나타나면 그 감정이나 생각에 고개를 끄덕인 후 전체 과정을 반복한다.

5. 집중력이 떨어진다는 느낌이 들면 그냥 한 번 고개를 끄덕인 다음 관찰을 이어간다.

6. 타이머가 울릴 때까지 전체 과정을 계속 진행한다.

이 연습을 통해 당신은 자신과 자신의 내면 사이에 거리를 만들어낸다. 당신이 자신의 생각과 감정을 더 편안히 다루고 생각과 감정에 지배를 받지 않을 수 있는 것은 모두 이 거리 덕분이다.

감정이나 생각에 녹아들면 우리는 늘 빠져나오지 못해 애를 먹게 된다. 어떤 생각을 절대적인 진실로 여기거나 어떤 감정에 완전히 사로잡히는 때가 그런 경우다.

내면을 더 편안히 다루고 싶다면, 그런 휩쓸림은 멈추고 내면의 감정 및 생각에 정중히 거리를 두는 것이 필요하다. 무언가와 거리를 두기 위해 좋은 방법은 기본적으로 관찰하는 태도를 취하는 것이다. 그래야 상황을 객관적으로, 때로는 익살스럽게 바라볼 수 있다.

감정과 나를 분리하는 탈융합 기술

감정 및 생각과 거리를 둘 수 있는, 간단하면서도 효과적인 방법 몇 가지를 여기에 소개한다. 감정 및 생각과 당신 자신의 융합 (Fusion)을 없애주므로 심리학에서는 이를 '탈융합(Defusion) 기술'이라고 부른다.

1. 감정과 생각을 사물로 여기면 거리감이 커진다. 말할 때도 감정과 생각이 사물인 것처럼 말하라. 예를 들면 "나는 병에 대한 두려움을 갖고 있어." 혹은 "나는 분노라는 감정을 갖고 있어." 혹은 "나는 실망이라는 감정을 갖고 있어."라는 식으로.

2. 괴로운 생각이 떠오를 때는 그 생각을 머릿속으로 10번 되풀이하라. 단, 2배 빠른 속도와 높고 시끄러운 목소리로.

3. 괴로운 생각에 흥겨운 멜로디를 붙여 노래로 불러라. 멜로디에 맞춰 감정을 표현하는 것도 가능하다. 예를 들어 신나는 멜로디에 맞춰 다음과 같이 노래하라. "화가 난다. 화가 나. 화가 나네. 화가 나."

4. 괴로운 생각이 떠오르면 머릿속으로 그 생각을 되풀이하라. 단, 모든 모음을 '이'로 바꿔서. "난 이제 다시는 사랑하지 못할 거야."라는 생각은 "닌 이지 디시닌 시링히지 밋힐 기이."가 된다.

5. 어떤 생각이나 감정을 알아차린 후 자신에게 이렇게 물어보

라. "1에서 10까지 등급을 나눈다면 이 생각, 이 감정은 얼마만큼 도움이 되는가? 만족스럽고 좋은 인생, 최고의 인생을 만드는 데 이 생각은 얼마나 많은 도움이 되는가?" 이때 1등급은 '전혀 도움이 안 된다.'를, 10등급은 '더없이 유익하다.'를 뜻한다.

지금까지 소개한 감정과 생각에 거리를 두기 위한 5가지 방법을 익히면 당신의 내면을 능숙하게 다룰 수 있다.

이 기술은 연습을 자주 할수록 효과가 좋다. 괴로운 생각을 끄집어낸 다음 앞의 5가지 방법을 반복하는 것을 규칙적으로 시도해보라.

상상해보자. 당신은 현실에 단단히 발을 딛고 있다.

큰 자신감을 갖고 일상을 살아간다. 자신의 생각과 감정에 쾌적하고 아늑하고 알맞은 거리를 두고 있기 때문이다.

감정이 나타나면 당신은 그 감정을 다정하고 호기심 어린 눈길로 관찰한다. 당신은 무엇을 느끼는지 알고 있다. 어떤 감정이 신호를 보내 조치를 요구하면 그 사실도 알아차린다.

하지만 대체로 당신은 자신의 감정을 그대로 내버려두고 딱히 신경 쓰지 않는다. 감정이란 원래 장난꾸러기 같아서 왔다가는 또다시 가버린다.

생각도 마찬가지다. 당신은 이성이 매우 유익하고 쓸모 있다는 사실을 알고 있다. 하지만 이성이 가끔 이상하고 비논리적이라는 사실도 알고 있다. 이성은 전혀 있음직하지 않은 일이 일어날까봐 두려워한다. 당신을 다른 사람들과 비교한다. 그런 비교는 누구에게도 도움이 되지 않는다. 이따금 이성은 당신에게 전혀 도움이 되지 않는 일들을 벌인다.

그 사실을 알고 있는 당신은 적당한 거리를 유지한 채 흥미롭게 자신의 생각을 관찰한다. 생각이 유익한지 아닌지 계속 확인한다. 자신의 감정과 생각에 쾌적한 거리를 둔 덕분에 자기 자신과 모든 내면의 흐름을 편안하고 능숙하고 친절하게 다룬다. 모든 일에 잘 대처한다. 당신이 내면에 두고 있는 이 적절한 거리는 당신 안에 힘을 만들어낸다.

매일 조금씩 더 많이.

Point

◇ 너무 긴장될 때, 5분 동안 심호흡을 한다.

◇ 감정이나 생각에 지나치게 몰두해 있다고 느낄 때, '알아차리기'와 '놓아주기' 기술을 연습한다.

◇ 쓸데없는 걱정이 들 때 그 감정과 거리를 둔다.

◇ 내가 자신을 다른 사람과 비교한다는 사실을 알아차리면, "절대로 남과 비교하지 마. 차라리 어제의 나와 비교해."라고 혼잣말한다.

◇ 질투가 날 때, "내가 방금 부러워했던 것에도 큰 단점이 있을지 몰라."라고 혼잣말한다.

◇ 상대방이 나를 싫어한다는 느낌이 들 때, 자신에게 이렇게 물어본다. "나는 모든 사람을 좋아하는가? 모두가 나를 좋아해야 하는가?"

◇ 스트레스를 느낄 때, 내 안에 스트레스를 일으키는 생각을 찾아낸 다음 '거리 두기' 기술을 이용한다.

8 | 지금, 여기에 머무는 연습

미치고 싶지 않다면, 자신의 생각이 맴도는 시간 영역을 매우 주의 깊고 의도적으로 다루어야 한다. 일반적으로 현재에 80퍼센트, 과거와 미래에 각각 10퍼센트씩 머문다고 생각하면 된다.

현재에 있다는 것은 지금 하고 있는 일에 온전히 집중한다는 것, 지금 이 순간에 당신의 주변과 마음속에서 일어나는 일을 모두 알아차린다는 것을 뜻한다. 현재에 있으면서 동시에 지나간 과거를 한탄하거나 옛일에 대해 앙심을 품거나 1시간 전, 어제, 5년 전에 일어난 일을 생각하면 안 된다.

마찬가지로 동시에 벌써 내일 일을 계획하거나 이런저런 일이 실제로 어떻게 흘러갈지 걱정해서도 안 된다. 따라서 가능한 한 자주 현시점과 현재의 자리에 있는 것이 중요하다. 한 번에 한 가지 일만 하라. 그것은 당신의 정서와 내면을 차분하고 안정되게 유지해준다. (제8 마음 습관 참조)

기쁨과 행복은 늘 지금 여기에서만 생겨난다.

느림 명상

지금 여기에 머무르자. 좋은 말인 것 같다. 하지만 정확히 어떻게 해야 되는 걸까? 지금 여기에 있는 것을 연습하기 위해서는 잠시 삶의 속도를 늦추고 지극히 평범한 행동을 매우 느리게, 매우 의식적으로 해야 한다.

나는 차를 끓일 것이다.

그러기 위해 아주 천천히 부엌으로 걸어간다. 한 걸음 내딛을 때마다 주의를 기울인다. 발이 바닥에 닿는 느낌을 의도적으로 알아차린다.

오른손으로 부엌문을 열며 손바닥에 닿는 문손잡이를 느낀다. 천천히 두 걸음을 간 뒤 돌아서서 천천히 다시 문을 닫는다.

나는 주변을 둘러보며 부엌을 관찰한다. 찬장과 식탁에 무엇이 있는지, 햇빛이 창문으로 어떻게 들어오는지, 부엌에 어떤 냄새가 나는지 알아차린다.

이제 천천히 찬장으로 가서 찬장을 연다. 차가 담긴 통을 아주 천천히 잡는다.

이런 식으로 명상을 이어간다.

당신은 느림 명상을 이용해 아주 단순한 행동을 모두 명상 연습으로 바꿀 수 있다. 이 기술은 전통적 명상은 부담스럽지만 명상이 가져다주는 긍정적 효과는 누리고 싶은 사람들에게 특히 적합하다.

이 연습을 통해 당신은 지금 여기에 더 많이 머무는 법, 당신의 의식을 미래나 과거로 날아가지 못하게 하는 법을 배운다. 자신을 관찰하라. 무엇을 느끼는지 무엇을 생각하는지도 관찰하라. 정신이 미래나 과거로 가버리면 정신을 다시 가만히 이 순간으로 데리고 돌아와라. 예를 들어 다음과 같은 행동에 느림 명상을 적용할 수 있다. 이 닦기, 요리하기, 산책하기, 자전거 타기, 다리미질하기, 수공예품 만들기, 정원 가꾸기, 청소하기.

당신은 싫어하는 행동을 새로운 시각으로 보고 그 행동에 추가로 유용한 의미를 부여할 수 있다. 무엇이든 의도적으로 온 정신을 집중해서 하다 보면 무언가 아름다운 점이 드러나기 때문이다. 실제로 이 연습에서 큰 효과를 보려면 규칙적으로 반복하는 것이 중요하다.

행복은 감각이다. 당신에게 행복감을 주는 것은 대부분 감각과 관련이 있다. 당신은 피부에 닿는 따뜻한 산들바람을 느낀다. 작은 빨간색 꽃들이 길가에 환하게 피어 있는 모습을 본다. 숲에서 새가 지저귀는 소리를 듣는다. 파도가 부드럽게 쏴쏴 밀려드는 소리를 듣는다. 사과를 한 입 베어 물고 사과가 가진 다양한 맛을 느낀다.

이 모든 감각은 지금, 오직 이곳에서만 일어난다는 공통점을 갖고 있다. 따라서 행복도 현재에서 생겨난다. 이 기술은 일상에 머무는 능력을 키우는 데뿐 아니라 감각을 이용해 행복한 순간을 발견하고 받아들이는 데에도 도움이 된다. 진행 방식은 다음과 같다.

어딘가에 앉거나 서서 깊이 호흡하라.

가까이에 있는 물건을 찾아라.

그 물건을 바라보라.

물건을 꼼꼼히 관찰하라.

눈으로 물건의 형태를 따라가라.

물건의 색깔을 보라.

물건의 형태를 기억하라.

물건의 표면을 자세히 관찰하라.

빛이 물건에 닿는 모습을 관찰하라.

그런 다음 물건으로 다가가 눈을 감아라. 물건을 만져보라.

손가락에 닿는 표면을 느껴보라. 손으로 물건을 쓸어보라. 형태를 감싸보라. 모서리를 따라 어루만져보라.

물건을 느끼는 동안, 물건의 표면에 닿은 손가락이 움직이는 소리에도 집중하라.

물건을 두드리고 그 소리를 경청하라.

당신의 감각을 이용해 물건을 살펴보라.

예를 들어, 무언가를 아주 천천히 먹는 동안 모든 감각을 이용해서 상황에 완전히 빠져들 수 있다. 앞서 진행된 연습에서처럼 당신은 우선 오렌지 한 개를 잠시 만져서 느껴본 다음 껍질을 벗기고 마침내 먹는다. 이때 오렌지의 향기와 맛에 의도적으로 주의를 기울인다.

혹은 온전히 주의를 집중한 채 숲을 거닌다. 모든 나무를 알아차리고 나뭇잎을 하나하나 바라본다. 초록색의 수없이 다양한 변화를 바라보고 새들의 음악회에 귀 기울인다. 발밑에 닿는 이끼와

숲 바닥을 느끼고 흙과 비와 햇빛의 냄새를 맡는다.

모든 감각을 이용해 물건을 의도적으로 깊이 탐구하는 동안 당신은 행복을 느끼는 능력을 키우게 된다. 행복은 대개 감각적 인식을 통해 생겨나기 때문이다. 감각을 예리하게 만들고 더 의도적으로 이용하면 작은 것에서도 더 자주 행복을 발견할 것이다.

괴로움에 대한 예방접종

왜 많은 사람이 현재의 경험을 피해 달아날까? 지금 여기에 불만이 많기 때문이다. 불쾌하거나 답답한 일, 두렵거나 실망스러운 일이 많기 때문이다. 그럴 때 사람들은 대부분 정신적으로 모든 것에서 회피하여 무언가 다른 데로 관심을 돌리는 것 혹은 미래나 과거, 몽상에 빠져드는 것을 더 편안하게 느낀다.

하지만 현재를 외면하지 않고 지금 여기에서도 기쁨과 활기를 느끼고 싶다면, 자신이 겪는 고통을 견뎌내는 법도 배워야만 한다. 인생에 부정적 감정도 포함되어 있다는 사실을 받아들여야 한다.

제7 마음 습관을 이용해 감정과 생각을 너무 심각하게 받아들이지 않는 것도 한 가지 방법이다. 그러면 조금 떨어진 거리에서 호기심 어린 눈길로 부정적 감정을 관찰하고 그 감정이 저절로 다시 사라질 때까지 침착하게 기다릴 수 있다.

다음에 나오는 기술은 고통과 불쾌함을 다루기 위한 또 다른 방법을 제공한다. 좋아하지 않는 감정과 생각을 능숙하게 견뎌낼 수 있도록 자신을 단련하는 법을 배워보자.

재미없게 들릴지도 모른다. 하지만 이 훈련은 일상의 작은 불

> **기쁨과 행복이 있는 현재에 머물려면 현재의 고통도 견딜 수 있어야 한다.**

만에 대한 일종의 예방접종이다. 이런 방식으로 훈련하면 얼마 뒤 당신은 소소한 불만 정도는 그냥 웃어넘기게 될 것이다.

주기적으로 생겨나는 사소하고 불쾌한 일, 괴로운 일을 의도적으로 마주하라. 불쾌한 기분을 느끼는 동안 이렇게 혼잣말하라. "나는 이 일을 견뎌낼 수 있어. 참을 수 있어. 이 감정은 지나가. 불쾌함을 견뎌내는 능력은 나를 강하고 자유롭게 해." 이 말을 주문처럼 되풀이하라. 재미없게 들릴 것이다. 재미는커녕 이 훈련에는 많은 노력이 필요하다. 하지만 그만큼 큰 이득을 가져다준다. 자유를 더 많이 얻게 되는 길이다.

훈련하고 얼마 후 일상에서 불쾌한 상황에 처하면 이 기술을 사용하게 될 것이다. 틀림없이 당신은 훨씬 더 용기 있고 자유로운 사람이 될 것이다. 불쾌하지만 피할 수 없는 상황에 더 당당하고 침착한 태도로 대처할 것이다. 상황을 받아들이고 견뎌내는 법을 알게 될 것이다.

여기에 훈련 방법을 몇 가지 소개한다. 스스로 불쾌한 상황 혹은 그와 비슷한 상황에 처하게 된다면 다음 주문을 외워보라.

◇ 평소보다 더 차가운 물로 샤워하라. 약간 불쾌할 정도로 차갑게.

◇ 무언가를 먹기 전에 1시간 동안 배고픔을 참아라.

◇ 약간 부끄러울 만큼 이상한 것을 착용하라. 이를테면 독특한 모자를 쓰고 거리를 걸어 다녀라.

◇ 평상시 엘리베이터 대신 계단을 이용하라.

◇ 숨이 차도록 빠르게 달려라. 멈추고 싶을 때 20초 더 달리면서 힘들어도 참을 수 있다고 혼잣말하라.

◇ 추울 때 2, 3분 동안 기다렸다가 옷을 더 입어라.

◇ 어떤 일을 할 마음이 내키지 않아도 하라. 그리고 반감과 내면의 저항을 견뎌낼 수 있다고 혼잣말하라.

당신은 일상에서 피하고 싶은 작고 불쾌한 상황들을 잘 알고 있다. 의도적으로 자신을 그런 상황에 처하게 한 뒤 다음과 같이 혼잣말하라. "나는 이 상황을 받아들일 거야. 견뎌낼 거야. 참을 수 있어. 그리 나쁘지 않아. 고통은 지나가. 무엇보다 중요한 것은 고통을 견뎌내는 능력이 나를 강하고 자유롭게 한다는 사실이야."

상상해보자. 당신은 현재를 즐기고 있다.

아주 기꺼이 지금 여기에 머문다. 주변에 있는 작은 아름다움을 모두 알아차린다.

지금 이 순간 당신 주변에 존재하는 것을 보고 듣고 느낀다. 당신의 감각을 지금 이 순간에, 행복과 기쁨을 실제로 경험할 수 있는 이 유일한 시간에 단단히 연결한다.

친절하게 고개를 끄덕여 과거에 인사한 다음 다시 현재에 몰두한다. 친절하게 고개를 끄덕여 미래에 인사한 다음 다시 현재에 몰두한다.

삶이 진짜로 흘러가는 것은 지금 이 순간뿐이라는 사실을 당신은 알고 있다. 당신이 무언가를 하고 무언가를 달성할 수 있는 것은 지금뿐이다. 행동할 수 있는 것도 지금뿐이다. 그 사실을 알고 있기 때문에 당신은 현재를 즐긴다. 현재는 당신이 여태껏 보았던 그림 중 가장 아름다운 그림처럼 보인다. 일찍이 들었던 멜로디 중 가장 아름다운 멜로디처럼 들린다. 당신이 좋아하는 음식과 같은 맛이 난다.

당신은 현재의 얼굴을 부드럽게 어루만지고 사랑스러운 눈길로 현재를 바라본다. 당신과 현재는 최고의 친구이며 서로 매우 사이좋게 지낸다. 과거에 대한 생각이 머릿속에 불쑥 떠오르면 당신은 그 생각에 고개를 끄덕여 상냥하게 인사한다. 생각과 악수한다. 그것에서 배울 수 있는 점이 있는지 자신에게 묻는다. 배운다. 이해한다. 그런 다음 생각을 다시 제자리로 돌려보낸다.

미래에 대한 걱정이 머릿속에 불쑥 떠오르면 당신은 그 걱정에 "안녕"이라고 인사를 건넨다. 다정하게 걱정의 어깨를 두드려준다. 걱정이 실제인지, 무언가 조치를 취해야 하는지 곰곰이 생각한다. 계획을 세워야할 수도 있다. 그런 다음 걱정과 다정하게 악수하고 걱정을 다시 물러가게 한다.

당신은 미래와 과거를 소중히 여긴다. 미래와 과거를 이용해 계획을 세우고 교훈을 얻는다. 하지만 당신의 삶은 지금 여기에서 흘러간다. 당신은 이 사실을 매 순간 의식한다.

현재는 당신에게 엄청나게 많은 것을 줄 수 있다. 당신은 하루하루를 이용해 현재를 즐긴다.

Point

◇ 기계적 생활방식에 너무 깊이 빠져 있다는 느낌이 들 때, 느림 명상을 실행한다.

◇ 스트레스를 받는다고 느낄 때, 모든 감각을 사용해 현재에 몰두한다.

◇ 절망하거나 긴장될 때, 이렇게 혼잣말한다. "그것이 가치 있는 일이면, 고통을 견뎌낼 수 있어. 고통을 견뎌내는 것은 나를 더 유연하고 자유롭게 해."

◇ 걱정이 있을 때, 10분 동안 그 걱정에 대해 곰곰이 생각한 다음 다시 현재로 관심을 돌린다.

◇ 생각이 과거로 향할 때, 10분 동안 그 과거에 대해 곰곰이 생각한 다음 다시 현재로 관심을 돌린다.

9 | 더 이상 노력할 필요가 없을 때 나를 움직이게 하는 것

삶에서 당신에게 가장 중요한 것이 바로 가치다. 동요하지 않고 내가 정한 방향으로 나아가기 위해 가장 많이 필요한 것도 가치다. 자신이 중요하게 여기는 가치를 알고 매일 그 가치에 따라 산다면 당신은 스스로 최선의 인생을 살아가는 셈이다. 가치를 찾아내어 말로 표현하는 법은 제9 마음 습관에서 이미 배웠다. 이제 여기에서는 일상에서 자신의 가치와 더 잘 어우러져 생활할 수 있는 법을 다뤄보자.

우리는 자신에게 정말로 중요한 것이 무엇인지 금세 잊어버린다. 걸러지지 않은 날것의 삶이 우리 위로 무너져내리고 온갖 책임과 업무로 우리를 정신없게 하면, 정말로 본질적인 것은 뒷전으로 밀려나버리기 쉽다.

그렇기 때문에 자신에게 가장 중요한 것이 무엇인지 주기적으로 마음속에 떠올려봐야 한다. 가치가 당신의 삶에서 알아서 확고한 자리를 차지하고 있는 것은 아니다. 오히려 고래고래 아우성치며 당신의 관심을 요구한다.

그럼에도 어느새 자신의 가치와는 동떨어진 인생을 살아가는 사람이 많다. 죽음이 가까워지면 그런 인생은 더 큰 후회와 아쉬움으로 이어지게 마련이다.

인생의 방향을 알려주는 가치 나침반

여기에 당신의 가치를 상기해내기 위한 도구를 하나 소개한다. 바로 가치 나침반이다. 나침반은 가치의 3가지 측면을 보여준다.

1. '사랑' 혹은 '협동'처럼 당신의 가치를 표현하는 용어는 구체적으로 무엇을 뜻하는가?
2. 당신의 가치에서 어떤 크고 작은 목표가 생겨나는가? 즉, 자신의 가치에 따라 살기 위해 당신이 실현하고자 하는 일은 무엇인가?
3. 구체적으로 어떻게 가치에 따라 살아가는가? 즉, 일상에서 어떤 소소한 행동을 통해 자신의 가치를 표현하는가?

가치 나침반이 어떻게 작용하는지 좀 더 잘 이해할 수 있도록 몇 가지 예를 소개한다.

가치: 자유

의미: 나 자신의 관심을 따라가기. 나의 리듬에 맞춰 생활하기. 외부에서 받는 압박 줄이기.

목표: 캠핑카를 타고 세계 여행을 한다. 내 사업을 시작한다.

일상: 매일 1시간은 홀로 자연 속에 머문다. 내가 정말로 원하지 않는 것은 모두 거절한다.

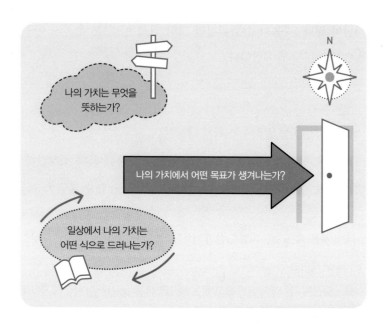

가치: 검소

의미: 많은 것을 소유하느라 힘 빼지 않기. 적은 돈으로 살아가기. 적은 수의 물건으로 생활하기.

목표: 필요하지 않은 것은 모두 팔거나 선물한다. 늘 모든 것이 어디에 있는지 알 수 있게끔 집을 정리한다.

일상: 내가 맡는 책임과 프로젝트 양을 엄격히 제한한다. 물건을 새로 사거나 새로운 프로젝트를 시작할지 고민될 때는 반사적으로 한 번은 거부한다.

가치: 고요

의미: 조용함. 소음이 없는 상태. 차분한 사람. 차분한 환경. 자연.

목표: 평온한 자연에서 산다. 일주일 동안 조용한 수도원에서 지낸다.

일상: 매일 나를 위해 고요한 시간을 가지려고 노력한다. 시끄럽고 불편한 장소를 피한다.

이제 당신 자신의 가치 나침반을 만들어라. 가치 하나 당 종이 한 장을 이용하라. 당신의 가치가 무엇을 뜻하는지, 가치와 어떤 목표가 연결되는지, 일상에서 어떤 식으로 가치에 따라 살고자 하는지 종이에 적어라.

다 적었다면 당신의 나침반을 자주 마주칠 수 있도록 주변의 잘 보이는 곳에 두어라. 적어도 일주일에 한 번 의도적으로 나침반을 앞에 놓고 다음과 같이 자신에게 물어보라.

가치는 매일 머릿속에 떠올릴 때에만 유용하다.

지금 어떤 가치에 애정과 관심이 가장 많이 필요한가? 어떤 가치에 가장 먼저 신경을 써야 하는가? 어떻게 하면 더 많이 가치에 따라 살아가고 행동할 수 있을지, 가치를 일상에 더 단단히 결합하기 위해 어떤 목표를 세울 수 있을지 주기적으로 곰곰이 생각해보라.

사실 내 마음대로 되는 일이 거의 없는 현실에서 매일 자신의 가치에 따라 살기란 쉽지 않다. 매순간 정신을 바짝 차려 인생을 책임지고 관리하지 않으면, 다른 것들이 쉽게 가치의 자리를 차지해버린다. 이전에 내렸던 결정이 당신에게 피해를 입히고 우리를 얽맨다. 수년에 걸쳐 들인 습관은 이제 별 효과가 없다. 너무 많은 것을 바꾸면 현재 상태를 잃게 될까봐 두렵다. 다른 사람들은 우리를 지치게 하고 그들이 원하는 방향으로 떠밀려 한다.

이처럼 여러 가지 힘이 작용하는 현장에 있다 보면 우리는 자신의 가치에서 너무도 빨리 멀어지고 만다. 따라서 대략 6개월에 한 번 당신의 삶에서 가장 큰 공간을 차지하는 것이 무엇인지 검토해보는 것이 유익하다. 이때 가장 큰 공간을 차지하는 것이 당신의 가치라면 이상적이다. 하지만 무언가 다른 것이 당신의 삶을 점령하고 있다면 방향을 수정해야 한다.

당신의 삶을 구성하는 것들을 파악하는 방법은 아주 간단하다. 스스로에게 질문을 몇 가지 던져보라.

◇ 내 시간을 가장 많이 차지하는 것은 무엇인가? 나는 일상에서 무엇에 가장 많이 몰두하는가? 그것은 내 가치인가 아니면 사실 나에게 전혀 중요하지 않은 것인가?

◇ 싫어하는 의무에 얼마나 많은 시간을 쓰는가?

◇ 휴식과 기분전환을 위해 얼마나 많은 시간을 쓰는가?

◇ 내 삶에서 정신적으로 정서적으로 가장 큰 공간을 차지하는 것은 무엇인가? 내 가치인가? 아니면 실제로 전혀 중요하지 않은 어떤 것인가?

◇ 나는 내 가치에 따라 살고 있는가? 모든 가치에 나의 애정과 기운, 시간과 창의력을 골고루 쏟고 있는가?

특히 이 질문들이 목표로 삼는 것은 본질적인 문제다. 나는 일상에서 나의 가치에 따라 살고 있는가 아니면 내 삶을 규정짓는 것은 다른 것들이었나? 가치를 잃어버린 것 같다면 상황을 바로 잡아야 한다. 다음 문제들에 대해 곰곰이 생각해보라.

◇ 현재 나에게 가장 큰 걸림돌이 되는 것은 무엇인가? 게으름? 갈등에 대한 두려움? 안전에 대한 생각? 의무감?

◇ 내가 중요하게 여기는 것에 더 많은 시간을 할애하기 위해 나는 일상에서 무엇을 바꾸고 싶은가?

◇ 나에게 정말로 중요한 것이 더 많은 공간을 차지하게 하려면 무엇을 그만두거나 양보해야 하는가?

◇ 쉽고 편한 길을 가지 않기 위해 나는 어떻게 자신을 훈련해야 하는가?

◇ 스스로 어떤 규칙을 세울 수 있을까? (예를 들어 '하루 중 처음 1시간은 나만을 위해 쓰기' 혹은 '안 된다고 생각하면서 된다고 말하지 않기')

◇ 어떻게 하면 내게 정말로 중요한 것이 무엇인지 매일 생각할 수 있을까?

◇ 어떻게 하면 나에게 중요한 것을 일상에 조금씩 더 끼워 넣을 수 있을까?

이 질문들은 당신의 가치가 삶에서 큰 공간을 차지할 수 있도록 계획을 세우는 데 도움이 된다.

상상해보자. 아침에 눈을 뜨자마자 당신은 아주 기분이 좋다. 모든 게 잘 정돈되어 있다는 멋진 느낌이 든다.

잠자리에서 일어난 당신은 곧바로 자신의 삶을 마주한다. 명확함이 삶에 고루 스며들었기 때문이다. 무엇이 중요하고 무엇을 해야 하는지 아주 정확히 알고 있기 때문이다.

당신은 지나간 시간들을 여전히 기억한다. 그때는 지금과 달랐다. 삶의 다른 것들에 우선순위를 두었기 때문이다. 하지만 더는 아니다. 이제 당신은 명확한 삶을 산다. 이 삶에서는 실제로 당신에게 가장 중요한 것이 맨 첫 자리를 차지한다.

물론 게으름에 맞서 싸울 때도 있고 자신과의 약속을 지키기 위해 두려움을 이겨 내야 하는 때도 있다. 당신은 이처럼 투쟁해 나가면서도 가장 쉬운 길을 택하지 않는 자신이 자랑스럽다. 당신은 소중히 여기는 것을 위해 싸우는 전사이기 때문이다.

타협이 필요할 때도 있다. 그럴 경우에 당신은 주변 사람들과 합의해서 각자 중요한 것을 얻기 위한 방법, 모든 이가 미소 지을 수 있는 현명한 해결책을 찾아낸다. 당신은 해결책을 찾는 일에 이미 매우 능숙하다. 자신의 가치뿐 아니라 그 가치를 정말로 이루어 내리라는 것 또한 굳게 믿기 때문이다.

실제로 당신은 자신에게 중요한, 아주 많은 것을 의미하는 가치들을 당장 그 자리에서 죽 늘어놓을 수 있다. 가치와 관련해 추구하는 목표들도. 당신은 자신의 가치를 일상에 끼워 넣기 위해 이용할 규칙들을 늘 기억하고 있다. 그리고 수도승이 수도원의 계율을 따르듯 그 규칙들을 따른다.

당신은 당신이라는 세상을 다스리는 지배자이며 당신의 가치는 가장 중요한 법률이다. 가치는 당신에게 매우 중요한 것이다. 당신이 살아가는 매일, 매주, 매달에 고루 스며들어 있다.

당신은 가치를 숨처럼 들이마신다. 당신이 곧 당신의 가치다. 가치는 당신에게 엄청난 힘과 집중력을 제공한다. 당신은 하루하루 안정감과 확신을 느낀다. 자신에게 가장 중요한 것이 무엇인지 알고 있기 때문이다.

 Point

◇ 혼란스럽거나 확신이 서지 않을 때, 가치 나침반을 앞에 놓고 나에게 정말로 중요한 것이 무엇인지 마음에 새긴다.

◇ 아침마다 일어나 발을 바닥에 댈 때, 내게 정말로 중요한 것이 무엇이고 그에 따라 오늘 무엇을 할지 자신에게 묻는다.

◇ 중요한 것에 신경 쓸 힘이 거의 남아 있지 않을 때, 새로운 힘을 얻고 기운을 차리기 위한 나만의 방법을 만든다.

◇ 일정표가 내게 한 달에 한 번 기억을 떠올려주면, 가치-현실-확인을 실행한다.

10 | 곤경에 처한 나를 구하는 건 결국 나

　미치고 싶지 않다면 문제를 해결하거나 문제를 받아들여야 한다. 한 가지 분명한 사실이 있다. 불평하는 것과 조용히 괴로워하는 것은 도움이 되지 않는다. 책임과 잘못을 무시하는 것 또한 도움이 되지 않는다. 문제는 해결하라고 있는 것이다. (제10 마음 습관 참조)

　우리는 스도쿠 퍼즐 책이나 수수께끼가 실린 잡지를 산다. 가파른 암벽을 기어오르고 오지로 휴가를 떠나 모험을 즐긴다. 문제를 풀고 도전을 극복하는 것은 우리의 본능이다. 이때의 즐거움과 만족을 일상 및 인생에서 생기는 문제에 이용할 때에도 똑같이 느껴보라. 당신에게 도움이 되는 기술들을 소개한다.

> "나에게 문제를 풀 1시간이 주어진다면,
> 55분 동안 문제에 몰두하고
> 5분 동안 해결책에 몰두하겠다."
> _ 앨버트 아인슈타인

　문제의 본질을 이해하고 나면 문제를 해결하는 것은 아주 쉬워진다. 이 기술은 문제를 이해하는 데 도움을 준다. 그래서 우리는 우선 문제가 왜, 어떤 상황에서 생겨나는지에 관심을 돌려야 한다.

기대와 현실이 일치하지 않는 순간, 우리가 실제와 다른 무언가를 원하는 순간에 문제가 생겨난다. 모든 사람에게 사랑받기를 원할 때 문제가 생긴다. 20년 전에 돌아가신 아버지에게 인정받기를 원할 때 문제가 생긴다. 삶의 매 순간 행복과 만족을 느끼고 싶을 때 문제가 생긴다.

문제를 이해하기 위해 제일 처음 해야 하는 일은 자신에게 묻는 것이다. "문제가 생기는 것이 비현실적 기대나 세상과 동떨어진 소망 때문인가? 내 기대는 적절하고 합리적인가?"

기대가 비현실적이거나 비합리적인 때는 언제인가? 이 질문에 어떻게 답할지 결정할 사람은 당신뿐이다. 하지만 머지않아 당신은 기대가 매우 적절한

상황을 있는 그대로 받아들이는 것만으로 거의 모든 문제를 해결할 수 있다.

데도 많은 문제가 쉽게 해결되지 않는다는 사실을 깨닫게 될 것이다. 그럴 때 당신에게는 두 가지 방법이 있다.

"이 문제를 없애버리고 싶어. 문제가 해결될 때까지 이 책에 나온 기술을 전부 시도해보겠어."라고 말하거나 기대를 낮추거나.

문제를 해결하려고 시도할 때 매번 저항에 부딪쳐 씨름해야 한다면, 차라리 포기하고 당신의 기대를 고치는 편이 현명할 수 있다. 기대를 고치는 것이 저 밖의 현실을 바꾸는 것보다 훨씬 더

쉽기 때문이다. 기대는 100퍼센트 당신의 영향력 범위 안에 놓여 있다. (제1 마음 습관 '영향을 미칠 수 있는 일에 집중한다' 참조) 게다가 기대는 당신이 자신의 삶을 더 기분 좋게 혹은 더 쉽게 만들기 위해 의도적으로 바꿀 수 있는 의미일 뿐이다. (제6 마음 습관 '내 기분은 내 책임이다' 참조) 기대를 낮추는 데 도움이 될 만한 질문들을 소개한다.

◇ 내 기대는 무엇인가? 어떻게 되기를 바라는가?

◇ 기대가 이루어지지 않으면, 나는 죽거나 병이 날까?

◇ 기대가 이루어지지 않아도 나는 잘 살 수 있고 행복할까?

◇ 기대하는 일이 일어나지 않으면, 경제적 혹은 직업적으로 손해를 보게 되는가?

◇ 기대하는 일이 일어나지 않으면, 삶의 질이 엄청나게 떨어지는가?

◇ 기대가 이루어지지 않으면, 가족이나 친구를 잃게 되는가?

이미 말했듯이 때로는 다음과 같이 자신을 혼잣말로 좋게 타이르는 것이 가장 쉬운 해결책이다. "내가 너무 많은 것을 기대하는 건지도 몰라. 기대를 낮추고 상황의 좋은 면을 더 많이 바라보는 것이 현명할 수도 있어." 그렇게 해서 문제가 해결되기도 한다.

하지만 "아니, 지금과 달라지고 싶다는 나의 기대는 옳고 적절해."라고 생각한다면, 당신은 문제를 계속 분석할 수 있다. 자신에게 다음 4가지 질문을 던져 문제의 다양한 측면을 살펴보라.

◇ 언제 어디에서 문제가 생기는가?

◇ 정확히 어떤 일이 일어나는가?

◇ 문제에 관련된 사람은 누구인가?

◇ 왜 문제가 생기는가?

이 4가지 질문은 문제를 곰곰이 생각하고 이해하는 데 도움이 된다. 그러다가 자연스럽게 해결책이 떠오를 때도 많다. 가끔은 아주 냉정하고 의도적으로 문제를 분석하다가 갑자기 문제가 해결되기도 한다. 단지 생각이나 기대, 당신이 상황에 부여하는 의미를 통해서 문제가 생겨났다는 사실을 깨달을 수도 있기 때문이다. 이 질문들에 어떤 식으로 답해야 할지 잘 모르겠다면, 여기에 소개하는 예시를 참조하라.

— 당신의 기대 중 어떤 것이 현실과 충돌해 문제를 만들어내는가?

"무언가가 계획했던 대로 풀리지 않을 때, 나는 더 침착해야 해. 소리 지르며 머리를 쥐어뜯는 대신 나 자신을 통제해야 해." 혹은 "나는 내 직업에 만족해야 해."

— 나는 정확히 언제 어디에서, 어떤 상황에서 문제가 문제라는 것을 알아차리는가?

"사무실에 들어설 때마다 배가 아파."

— 이 문제에 관한 사실은 무엇인가? 이 문제의 뚜렷하고 중요

하고 현실적인 세부사항은 무엇인가?

"속이 답답하고 배가 팽팽해져. 몸이 불편해."

— 어떤 사람 혹은 조직이 이 문제에 관련되어 있는가?

"사무실에 있으면 몸이 불편해. 특히 상사와 저 동료 직원이 옆에 있을 때."

— 문제는 어디에서 생기며, 무엇이 문제를 일으키는가?

"공격당하는 느낌이 들어. 내가 무언가를 잊어버렸거나 잘 해내지 못한 것처럼 보일까봐 두려워. 그렇게 보이고 싶지 않아. 무력하게 가만히 있고 싶지 않아. 모든 사람이 나를 강하고 통제력 있는 사람으로 여기면 좋겠어."

문제가 있을 때 우리는 충동적으로 이렇게 말한다. "문제가 사라져야 해. 이 문제만 빼면 다 괜찮아." 하지만 이런 식으로 접근하면 상황은 갈수록 태산이 되고 만다. 다음 어려운 일 혹은 다음 어려운 관계를 맞닥뜨릴 테니까.

문제는 삶을 더 좋은 수준으로 끌어올릴 기회일 수도 있다.

따라서 원하지 않는 것을 말하는 것만으로는 충분하지 않다. 그 대신 갖고 싶은 것도 말해야 한다. 신발 가게에 들어가서 다음과 같이 말해보라. "신발을 좀 보려고요. 춤출 때 신는 신발 말고요." 점원이 "그럼 어떤 신을 찾으세요?"라고 물으면 당신은 "춤출 때 신는 것만 아니면 돼요."라고 대꾸한다. "어느 때 신을 건가요?"라는 점원의 질문에 당신은 "춤출 때 신을 건 아니에요."라고 답한다.

당신이 원하지 않는 것을 설명하는 대신에 무엇을 원하는지 말하면, 당신과 다른 모든 사람의 삶은 훨씬 더 쉬워진다. 문제를 다룰 때에도 마찬가지다. "나는 그것을 더는 원하지 않아."라고 말하지 말고 그것 대신에 무엇을 원하는지 말하라.

◇ "이 짜증나는 일을 더는 하고 싶지 않아."는 "친절한 동료가 있는 직장과 내가 스스로 체계를 세울 수 있는 업무를 원해."가 된다.
◇ "이 관계에서 벗어나고 싶어."는 "잠시 홀로 지내고 싶어."가 된다.
◇ "빚에서 벗어나고 싶어."는 "비상금을 마련할 수 있도록 돈을 건전하고 합리적으로 관리하는 법을 배우고 싶어."가 된다.

해결책을 만들어내기 위해서는 자신의 문제를 이해하고 알아차리는 것이 중요하다. 그 문제 대신에 무엇을 갖고 싶은지 아는 것 또한 중요하다. 그래야 어느 방향으로 나아가는 것이 현명한 방법일지 알 수 있다. 보통은 문제를 해결할 필요 없이 그 문제 대신 무엇을 원하는지만 체계적으로 살펴보면 된다. 흔히 이 과정에서 문제가 저절로 사라진다.

앞서 소개된 기술에서 당신은 자신의 문제를 5가지 관점으로 분류했다. 거기에서는 아직 관점이라고 부르지 않았지만. 문제의 관점들을 이해하는 것이 매우 중요하며 각각의 관점에 문제를 없애기 위한 접근법이 숨어 있으므로 다음 연습에서는 관점들을 이용해 한 걸음 더 나아가보자. 아래 내용을 참조해 관점을 떠올려보라.

관점 1: 현실과 충돌해 문제를 일으키는 당신의 기대는 무엇인가?

우리는 이 주제를 '문제 이해하기' 기술에서 이미 다뤘다. 상황이 지금과 달라야 한다는 기대를 통해서도 문제가 생겨난다. 당신의 기대와 당신이 상황에 부여하는 의미를 바꿔라. 그러면 문제는 흔적도 없이 사라진다.

한 번 더 기대를 만들어내라. 그 기대 때문에 생겨난 문제가 당신을 괴롭힌다. 세무서에서 당신에게 세금을 잘못 청구했고 당신이 이미 그 금액을 납부한 경우를 예로 들어보자. 이 상황의 배후에 있는 기대는 "세무서에서 실수를 저질러서는 안 돼."와 "그들은 내게 돈을 곧바로 되돌려줘야만 해."이다.

"이 상황에서 나의 기대를 어떻게 바꿔야 할까? 상황에 부여하는 의미를 어떻게 바꿔야 할까?"

◇ 그래, 세무서 직원들도 사람이니까 실수할 수 있지.

◇ 세무서에서 곧바로 조치를 취할 리 없어. 참을성 있게 기다리면, 돈을 되돌려 받을 확률이 높아질 거야.

◇ 돈을 되돌려 받지 못 한대도 큰 문제는 없어. 그것 때문에 파산하지는 않아.

기대가 바뀌면 문제도 바뀐다. 심지어 문제가 사라질 수도 있다.

관점 2: 언제 어디에서, 어떤 상황에서 문제가 나타나는가?

원인이 과거에 있어서 더는 어쩔 수 없는 문제들이 있다. 예를 들어 세무서에서 무언가를 잘못 처리한 경우 혹은 부모님이 어릴 때 당신을 학대한 경우. 그런 경우에는 계기를 찾아내봤자 별 소용이 없다. 문제가 한 번 더 생길 가능성이 희박한 경우도 마찬가지다. 하지만 반복되는 문제에는 늘 반복되는 계기가 있게 마련이다. 그럴 때는 특정한 상황에서 규칙적으로 문제가 나타난다. 여기에 몇 가지 예를 소개한다.

◇ 과자를 보기만 하면 몽땅 먹어치운다.
◇ 아내에게 비난을 받으면 화가 난다.
◇ 사무실에 들어설 때마다 배가 아파온다.

이처럼 어떤 계기를 통해서 문제가 나타나는 경우, 문제를 해결하는 아주 간단한 방법은 계기를 막는 것이다. 과자를 사지 마라. 그러면 과자를 볼 일도 없어진다. 아내가 화를 내기 전에 먼저 알아서 행동하라. 사무실(혹은 그 안의 동료직원)이 복통을 일으킨다면, 회사에 사표를 내거나 재택근무를 해도 되는지 물어보라.

여기에서 해결책은 아주 간단하다. 계기를 막으면 문제도 막을 수 있다.

관점 3: 문제에 관한 사실은 무엇인가?
문제에 관련된 사실에도 다양한 해결책이 숨어 있다. 예를 들어, 늘 돈이 별로 없고 카드 대금도 서서히 한도에 가까워지고 있는 것이 문제라고 가정해보자. 무엇을 해야 할까? 자신에게 몇 가지 질문을 던져 사실을 모아보자.

◇ 돈 문제가 왜 생기는가?

◇ 도대체 내 돈은 어디로 사라지는가?

◇ 돈을 쓰는 것 중에 꼭 필요하고 중요한 것은 무엇이고 그렇지 않은 것은
무엇인가?

◇ 돈을 쓸 때 어느 부분에서 절약할 수 있을까?

이 상황에서는 어디에 돈을 지나치게 많이 쓰는지 정확히 알기 위해 한 달 동안 지출한 내용을 모두 적는 것이 중요하다. 그 지출 목록에서 실제로 문제를 해결하기 위한 방법이 나온다.

문제와 관련된 모든 영역에서 정보를 수집하라. 그런 영역을 찾기 위해 자신에게 "이 문제와 문제 해결에 관련된 것은 모두 무엇인가?"라고 물어보라. 이 질문과 관련된 간단한 핵심 단어를 모은 다음 그것을 질문으로 바꿔라.

예시: 당신은 자신의 직업에 불만이 크다. 차라리 직업을 바꾸는 게 낫겠다고 생각한다. 지금은 휴가와 주말만 바라보며 살고 있기 때문이다.

핵심 단어: 고용주, 장점, 취향, 연봉, 직장, 자격, 교육, 상사, 기업의 목표, 동료 직원, 업무, 노동 시장 등.

이 단어들로 질문을 만들어낸 다음 문제 상황과 관련된 사실을 모으자.

◇ 현재 나는 돈을 얼마나 벌고 있나?

◇ 생활하려면 돈이 얼마나 필요한가?

◇ 사이드 프로젝트를 할 수 있는가?

◇ 내 직업에서 정확히 무엇이 못마땅한가?

◇ 무엇을 잘할 수 있는가?

◇ 다른 직장에서 원하는 것은 무엇인가?

◇ 새로 교육을 받고 할 수 있을 만한 다른 직업은 무엇이 있을까?

◇ 얼마나 큰 기업에서 일하고 싶은가?

◇ 어떤 변화를 각오하고 있는가? (이사, 연봉 삭감, 추가 교육)

다시 이 질문에 대한 답변을 모은 후 답변에서 드러난 사실을 바탕으로 문제를 해결할 계획을 세우면 된다. 때로는 답변에서 곧바로 해결책이 나오기도 한다.

관점 4: 어떤 사람 혹은 어떤 조직이 문제에 관련되어 있는가?

흔히 문제는 특정한 사람이나 조직과 직접 관련되어 있다. 따라서 이 관점에도 해결책에 대한 실마리가 숨어 있다.

예시: 요즘 들어 당신은 배우자와 부쩍 자주 다툰다. 이 상황을 바꾸기 위해 관련된 사람이 누구인지, 관련된 사람이 저마다 상대방에게 의도하는 것이 무엇인지 자신에게 묻는다.

"관련된 사람은 당연히 배우자와 나야. 하지만 장인(혹은 시아버지)이 관련될 때도 자주 있어. 내 직업이 관련될 때도 있고."

◇ 나와 배우자는 서로에게 무엇을 바라는가?

◇ 나와 장인(혹은 시아버지)은 서로에게 무엇을 바라는가?

◇ 배우자와 나의 고용주는 서로에게 무엇을 바라는가?

그렇게 해서 관련된 모든 사람의 관계망을 알아차린다. 관련된 사람의 의도를 명확히 모르겠다면, 본인에게 직접 물어봐야 할 때도 가끔 있다. 관계망을 밝히는 과정에서 흔히 문제를 새로 깨닫고 해결방법을 찾아내기도 한다. 관계망에 속한 사람과 의도에 관해 이야기를 시작하다가도 깨달음과 해결책이 나타날 수 있다.

관점 5: 문제의 원인은 무엇인가?

문제에는 대부분 여러 가지 원인과 그 원인의 원인이 존재한다. 문제를 해결하기 위해서는 그것들을 분석해야 한다.

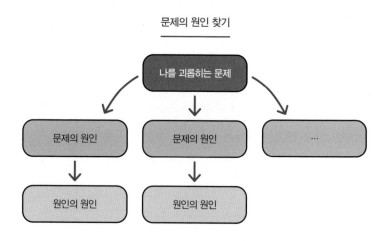

문제의 원인 찾기

예시: "나는 너무 뚱뚱해."

원인: "나는 너무 많이 먹어." — 원인의 원인: "나는 먹는 것에서 위안을 찾아." — 원인의 원인의 원인: "나는 가끔 위안이 필요한데 먹는 것 말고 다른 방법을 모르겠어."

원인: "나는 먹는 것에 대해 자제력이 부족해." — 원인의 원인: "나는 배불러서 불쾌한 기분이 들더라도, 배고픔을 참는 법은 터득하지 못했어."

원인: "우리 집 찬장은 언제나 단것으로 가득 차 있어." — 원인의 원인: "배우자가 단것을 너무 많이 사와."

그래프를 그리면서 문제를 해결하기 위한 실마리들을 찾아보라.

◇ 위안을 얻기 위한 다른 방법 훈련하기

◇ 욕구를 견뎌내는 능력 훈련하기

◇ 단 것 대신 건강에 좋은 간식거리 사기

이따금 상황이 매우 복잡한 경우에는 정확한 원인을 찾아내기 힘들다. 혹은 원인과 관련해 아무것도 바꿀 수 없을 때에는 다른 해결 수단을 적용해야 한다. 하지만 원인을 찾으려고 시도하는 것은 멋진 일이다. 문제에 대한 5가지 관점은 각각 해결의 실마리를 제공한다. 한 관점에서 아무런 실마리를 잡지 못해도 늘 다른 관점에 해결의 실마리가 숨어 있게 마련이다.

예전에도 이런 적이 있지 않았나?

우리가 겪는 문제 중에 완전히 새로운 문제는 거의 없다. 보통 예전에 이미 한 차례 똑같거나 비슷한 문제를 겪었다. 따라서 해결책을 바닥에서부터 찾기 시작할 필요가 없다. 문제를 해결하기 위해 우리는 대부분 이미 이런저런 해결책을 시도해왔다. 그 시도 중 많은 해결책이 성공적이었고 현재까지도 사용하고 있다. 성공적이었지만 왜인지 잊히고 만 해결책도 있다.

따라서 문제가 생겼을 때 도움을 얻기 위해 당신이 할 수 있는 일은 지금 효과가 있거나 이전에 효과가 있었던 방법을 살펴보는 것이다. 혹은 이미 이 문제에 도움이 될 만한 일을 하고 있지는 않은지 살펴볼 수도 있다.

해결의 실마리를 찾기 위한 질문을 몇 가지 소개한다. 이 질문들을 이용해 문제를 없애보라.

◇ 문제를 다루는 데 성공적이었던 방법은 무엇이 있나? 그 방법을 사용하거나 보완할 수 있나?

◇ 어디에서 비슷한 문제를 해결했나? 어떻게 해결했나? 그 방법을 지금 내 문제에 적용할 수 있을까?

정말로 내 잘못은 없을까?

문제가 있을 때 우리는 문제의 원인을 다른 사람에게서 찾는 경향이 있다. "남편이 더 깔끔하면 좋겠어." "동료 직원이 더 친절하면 좋겠어." "정치인들이 복지에 더 관심을 가지면 좋겠어."

우리는 관점 4, 즉 그 문제에 관련되어 있는 사람을 토대로 문제 해결책을 찾는 법에 대해 이미 이야기했다. 이때 우리가 자주 숨기고 넘어가는 사람이 한 명 있다. 바로 자기 자신이다. 대다수의 경우, 나 자신도 문제에서 한몫을 담당한다. 내가 한 행동이나 말 혹은 하지 않은 행동이나 말을 통해서.

자기 몫이 비교적 클 때도 있고 작을 때도 있다. 하지만 거의 언제나 문제가 일어나는 데에는 자신이 원인이 되게 마련이다. 세무 공무원이 자꾸 나에게 트집을 잡는 것은 예전에 내가 무심코 그 공무원을 불친절하게 대했기 때문일 수도 있다. 이웃이 지금 사소한 일로 우리를 고소한 것은 우리가 예전부터 그들을 화나게 했기 때문일 수도 있다.

문제에서 내가 담당하는 몫을 부수적 원인으로 제외하는 것은 문제 해결을 훨씬 더 어렵게 만든다. 본인에게도 책임이 있다는 사실을 인정하고 그 부분에 대해 사과하거나 문제에 관여하기를 멈추는 것이 해결책일지도 모르기 때문이다. 따라서 자존심을 버리고 자신이 틀릴 수 있다는 사실을 인정할 필요가 있다.

Love it, leave it or change it!

또한 문제를 해결하고 싶을 때, 기본적으로 3가지 접근법이 있다. 문제를 사랑하거나 떠나거나 바꿔라!

1. 문제를 사랑하라

이렇게 말할 수 있다. "예전에는 그 문제로 괴로웠지만 이제는 아니야. 문제는 내 머릿속에 존재했을 뿐이야." 마음속으로 문제 상황에 부여하는 의미(제6 마음 습관 참조)와 문제에 대한 사고 방식을 바꾸면 문제는 사라진다. 예를 들면 다음과 같다. "문제는 이제 내가 성장하고 인간으로 더 강해지기 위한 기회야." 혹은 "문제는 단지 내 기대가 높고 비현실적이어서 생겨나는 거야. 기대를 내려놓으면 문제도 사라져."

2. 상황을 떠나라

문제 상황을 떠나는 것으로도 문제를 해결할 수 있다. 사표를 내라. 관계를 끝내라. 이사를 가라. 떠나라. 만남을 피하라. 문제를 잘 피해가라. 이 문제 해결 방식은 문제가 극도로 심각한 경우에 유용하다.

문제 상황을 잠시 떠나 있으면 자신과 문제 사이에 안전한 거리가 생겨난다. 적정한 거리에서 상황에 대한 새로운 시각이 생겨나 이후에 문제를 해결하는 데에도 도움이 된다.

3. 상황이나 자기 자신을 바꿔라

적극적 조치를 통해서도 문제를 해결할 수 있다. 문제에 대해 정보를 얻고 관련된 사람들과 이야기하고 협의하라. 더는 문제를 일으키는 계기가 되지 않도록 자신의 일상을 고쳐라. 도움이 필요한 경우에는 친구, 직장 동료, 지원 단체, 법원, 경찰, 상담사 등의 도움을 요청할 수 있다. 문제를 해결하거나 극복하는 데 유용한 능력과 방법을 배우는 것도 좋다. 그러고 나면 당신은 계획을 세워 자신의 문제를 적극적으로 다룰 수 있게 된다. 문제가 해결될

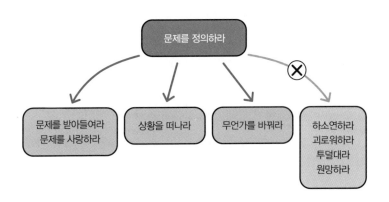

문제를 정의하라

문제를 받아들여라
문제를 사랑하라

상황을 떠나라

무언가를 바꿔라

하소연하라
괴로워하라
투덜대라
원망하라

때까지 다양한 접근법을 실험해보라.

문제의 핵심을 꿰뚫는 6가지 질문

이제 당신은 문제를 없앨 수 있는 여러 가지 아이디어를 알게 되었다. 끝으로 다음에 소개하는 6가지 핵심 질문은 이 주제와 관련된 모든 접근법을 간단하고 분명하게 표현한다. 질문을 이용해서 문제 해결 방법을 따져본 후 어떤 식으로 문제를 다루고 싶은지 계획을 세워보라.

글로 적어가며 진행하는 것이 가장 좋다. 글로 적는 것은 생각의 체계를 잡고 생각을 명확히 표현하는 데 도움이 된다. 게다가 글로 적으면 계획에 대해 큰 책임감이 생긴다. 독일에는 '기록하는 자가 살아남는 자다.'라는 속담이 있다. 계획을 글로 적어두면 일주일이 지나도 여전히 각 단계를 모두 기억할 수 있다. 다음 질문들을 이용해 당신의 계획을 세워보라.

1. 나는 문제 대신에 무엇을 원하는가?

당신이 무엇을 갖고 싶은지 정확하게 써라. '아니다' '없다' 같은 부정적 단어는 피하라. 문제가 최선의 방법으로 해결되거나 적어도 나아졌을 때 상황이 어떻길 바라는지 상세히 묘사하라.

2. 문제를 해결하기 위해 어떤 접근법을 사용할 것인가?

문제를 받아들이거나 심지어 사랑하려고 시도할 것인가? 차라리 문제 상황을 떠날 것인가 아니면 문제를 처리하고 없애기 위해 적극적으로 대책을 세울 것인가?

문제를 사랑하거나 떠나거나 바꿀 방법에 대해 생각해보라. 기본적으로 문제에 어떻게 접근하는 것이 가장 적합한지 결정하라. 결정을 고치는 것이 타당해 보이는 경우에는 당연히 결정을 고쳐도 된다.

3. 어느 관점에 해결책이 숨어 있을 것 같은가?

기대가 너무 높거나 비현실적이라면, 기대를 고치는 것이 합리적일 수 있다. (관점 1) 문제가 생겨나는 계기를 피하는 것으로도 문제를 해결할 수 있을지 모른다. (관점 2) 혹은 문제 해결을 시작하기 전에 우선 문제 상황에 대한 사실과 자료가 더 많이 필요할 수도 있다. (관점 3) 문제를 해결하기 위해 특정한 사람이나 조직과 이야기하고 협의해야 할 수도 있다. (관점 4) 아니면 문제의 원인을 없애서 문제를 해결하고 싶은가? (관점 5) 문제의 관점들을 곰곰이 생각해보는 사이에 좋은 해결책을 얻게 되는 경우가 많다.

4. 비슷한 문제를 어떻게 해결했나?

다른 환경 혹은 다른 상황에서 이미 문제를 해결했던 적이 있는지 곰곰이 생각해보라. 그런 적이 있다면 그 해결책을 지금 상황에도 적용할 수 있다. 아니면 같은 종류의 문제를 성공적으로 극복한 사람들을 알고 있는가? 그들의 해결책을 그대로 옮겨와 당신의 상황에 적용할 수 있는가? 당신의 장점과 능력과 재주는 무엇인지, 문제 해결에 어떻게 이용할 수 있을지 곰곰이 생각해보는 것도 좋다.

5. 내 잘못은 얼마나 되는가?

자기 비판적이고 겸손한 시선으로 호기심과 열린 마음을 갖고 솔직하게 바라볼 필요가 있다. 그래야 스스로 무엇을 해서 혹은 무엇을 소홀히 해서 문제가 생겼다고 분명하게 말할 수 있다.

그런 다음 계속해서 다음 사항들을 생각해보라. 문제를 안정되게 하려면 당신은 지금 무엇을 하거나 혹은 하지 말아야 하는가? 곤란한 상황이 생겨나는 데에 당신이 무엇을 잘못했는지 곰곰이 생각해보자.

이런 식으로 생각하는 동안 당신은 예전에 자존심이나 자기 방어로 보지 못했던 해결의 실마리를 자주 마주치게 된다. 그렇다. 우리의 자아는 가끔 못되게 굴기도 한다.

6. 문제를 없애거나 누그러뜨리기 위해 무엇을 해야 하는가?

문제는 가끔 저절로 풀리기도 한다. 하지만 대다수의 문제는 당신이 무언가를 시도하고 조치를 취해야 사라진다. 문제를 없애거나 적어도 누그러뜨리기 위해 무엇을 해야 하는지 분명하게 알고 있는 것이 중요하다.

어떤 조치를 취해야 하나? 어떤 정보를 가지고 있어야 하나? 아직 대답해야 하는 질문이 더 있는가? 누군가에게 무엇을 확실히 밝혀달라고 요청해야 할 수도 있다. 무언가에 관해 어떤 사람을 설득하려고 시도해야 할 수도 있다.

다른 사람과 함께 무언가를 확인해야 하는 경우, 두 사람에게 모두 효과적일 수 있게 대화를 이끌어가려는 마음자세를 갖는 것이 중요하다. 당신은 정확히 무엇을 말할 것이고 어떻게 의견을 전달할 것인가?

또한 문제를 성공적으로 해결하는 데 결정적 역할을 할 수도 있을 중요한 조치가 무엇인지 늘 주의를 기울여야 한다.

여러 각도에서 깊이 생각해서 모든 질문에 답하고 문제를 서서히 해결해나가기 위한 접근 계획을 세워라.

문제에 대해 생각하는 과정에서 목표, 즉 당신이 문제 대신에 원하는 것이 바뀌는 경우도 꽤 많다. 그것은 아주 정상적인 현상이다.

문제 해결 계획의 단계들은 문제를 여러 각도로 살펴보기 위한 틀을 제공한다. 문제 해결 계획의 단계들을 반복해서 실행하다 보면 도움이 될 만한 아이디어와 실마리를 얻는 경우가 적지 않다. 그것이 한 번 더 반복해야 하는 이유다.

문제 해결 계획의 마지막 단계에서 당신은 문제를 해결하기 위한 퀘스트를 만들어야 한다. 이는 문제를 해결하는 데 매우 중요한 역할을 한다. 그런데 여기에 해당되는 것은 당신이 가장 두려워하거나 불편해하는 퀘스트다.

따라서 어떤 퀘스트를 나중으로 미루고 싶은 충동이 느껴질 때마다 이렇게 혼잣말해보라. "이 퀘스트가 문제를 해결하는 데 가장 많은 도움이 될 것 같으니 맨 먼저 처리해야겠어."

상상해보자. 당신은 자신의 문제를 해결하려는 사람이다. 목을 움츠린 채 문제가 저절로 사라지기만 바라고 있으면 나아지는 게 전혀 없다는 사실을 알고 있기 때문이다.

문제가 있을 때 당신은 슬기롭게 행동한다. 우선 문제가 너무 높은 기대 때문에 생겨난 것인지 아닌지 혹은 그것이 진짜 문제인지 아닌지 확인한다.

당신은 반응하는 대신 행동하는 인간이다. 당신은 문제의 눈을 들여다본다. 문제를 향해 미소 짓는다. 문제를 마주한다. 자신에게 문제가 있다는 사실을 받아들인다. 자신의 상황에 대해 철저히 생각해본 후 그 상황을 어떻게 다룰 것인지, 문제를 어떤 식으로 누그러뜨리거나 없앨 수 있을지 계획을 세운다.

당신은 어려움이 자신의 삶을 지배하게 두지 않는다. 문제는 해결되기 위해 존재하는 것이다. 게다가 당신은 이런 태도에서 나오는 기운을 느끼는 게 좋다. 당신은 알고 있다. 삶이 당신의 발 앞에 던지는 문제를 거의 모두 처리할 수 있다는 사실을.

당신은 자기 자신과 자신의 능력을 믿는다. 특히 문제를 적극적이고 자율적으로 없애는 능력을. 그런 믿음은 아주 멋지고 기운을 북돋우는 감정이다.

 Point

◇ 오랫동안 불만이 가시지 않으면, 나의 기분을 명확히 알기 위해 '문제 이해하기' 기술을 적용한다.

◇ 문제를 알아차리게 되면, 이렇게 혼잣말한다. "이 문제는 나에 대한 도전이야."

◇ 문제를 해결하는 도중에 어느 단계에서 주춤하게 되면, 그 단계가 가장 중요한 단계일지도 모른다는 사실을 깨닫는다.

시작하는 방법은

그만 말하고

이제 행동하는 것이다.

- 월트 디즈니

3부

단순하게 살고 싶은 당신을
괴롭히는 상황에
대처하는 법

자, 이제 당신은 미치는 것을 막아주는 10가지 마음 습관과 이를 행동으로 옮길 수 있는 다양한 기술을 알게 되었다. 지금부터는 직장에서, 학교에서, 가정에서, 자려고 누운 이불 속에서 미칠 것 같은 기분이 들었을 때, 이 원칙과 기술을 실제 상황에 적용하는 방법을 연습해보자. 그럼 시작한다.

"저 인간은 왜 나한테만 저래?"
: 동료 직원이 불친절할 때

당신은 사무실에 들어서며 큰 소리로 유쾌하게 아침인사를 한다. 하지만 동료 직원은 인사에 대꾸하는 대신 아주 불쾌한 말을 던진다. 다행히 당신은 흥분을 자제하고 이 책에 나온 아이디어들을 이용한다.

미치지 않으려면 이제 당신은 10가지 마음 습관과 기술을 이 상황에 어떻게 적용해야 할까?

| 제1 마음 습관과 기술 |
지금 내가 통제할 수 있는 것은 무엇인가?

먼저 자신에게 몇 가지 질문을 던져라. 당신은 동료 직원의 기분을 통제할 수 있는가? 아니, 조금도 통제할 수 없다.

당신의 마음속에 즉흥적으로 일어나는 분노를 통제할 수 있는가? 안타깝게도 통제할 수 없다.

즉시 거칠게 맞받아칠 표현을 떠올리지 못하도록 당신의 생각을 통제할 수 있는가? 아니, 그것도 통제할 수 없다.

동료 직원의 불친절에 대한 당신의 대응을 통제할 수 있는가?

드디어! 그래, 그것은 통제할 수 있다.

이제 당신의 삶과 모든 관련자에게 더 유익할 이성적이고 적절한 대응은 무엇일지 곰곰이 생각해보라. 나는 다음과 같이 대응할 것을 추천한다. 분노를 조절하면서 신경질적으로 대꾸하고 싶은 마음을 눌러라. 그리고 나중에 동료 직원과 조용히 이야기하기로 결심하라. 당신은 이성적이니까. 상황에 통제당하는 사람이 아니라 상황을 통제하는 사람이니까.

|제4 마음 습관과 기술|

인간은 때로는 기분이 태도가 되기도 한다

그렇다. 인간은 가끔 불친절하다. 당신도 가끔 그리 상냥하지 않은 때가 있을 것이다. 예를 들어, 스트레스를 받는 경우나 잠을 제대로 못 잔 경우, 무언가 고민이 있는 경우에. 하지만 아주 친절하고 너그러울 때도 분명히 자주 있다. 당신의 동료 직원도 마찬가지일 것이다. 세상의 나쁜 면과 좋은 면을 모두 보라. 그런 태도는 거슬리는 상황을 더 편안히 다루는 데 도움이 된다.

|제6 마음 습관과 기술|

나에게서 문제를 찾지 말 것

동료 직원이 당신에게 불친절하다면 그것은 무엇을 뜻하는가? 당신이 무엇을 잘못했는가? 동료 직원이 당신을 질투하는가? 기분 나쁜 일이 있었나? 그냥 본래 투덜대는 사람인가?

동료 직원의 태도에 대해 다양한 설명이 가능하다. 동료 직원은 당신에게 속사정을 이야기할 수도 있고 이야기하지 않을 수도 있다. 자신의 진짜 의도를 숨긴 채 이야기를 지어낼 수도 있다. 당신이 그 직원의 진심을 모르는 게 좋을 수도 있다.

따라서 상황에 의미를 부여할 때는 당신에게 가장 유리한 의미를 선택하라. "누군가가 나를 불친절하게 대하는 경우, 그 상황은 대개 나와 아무 상관없어. 기분이 좋지 않은 날은 누구에게나 있게 마련이야."라는 식으로 혼잣말하라.

| 제7 마음 습관과 기술 |

나쁜 기분 흘려보내기

상대가 퉁명스럽게 대하는 것을 즐기는 사람은 없다. 그런 태도에 대한 반응으로 우리는 대부분 분노나 실망, 짜증이나 스트레스를 느낄 것이다. 그것이 정상이므로 그런 감정을 피해서는 안 된다. 하지만 너무 심각하게 받아들여서도 안 된다. 감정에 큰 의미를 두지 않으면 감정은 대부분 다시 사라진다는 사실을 명심하라.

당신의 감정을 알아차려라. 감정에 인사를 건네라. 그런 다음 감정을 다시 떠나가게 두라.

| 제10 마음 습관과 기술 |

그 사람은 뭐가 문제일까?

동료 직원이 당신에게 싫은 소리를 한 적이 단 한 번이었다면 그것은 큰 문제가 아니다. 하지만 매일 그런 일이 일어난다면 당신을 미쳐버리기 직전까지 괴롭힐 수 있다. 책에 나온 원칙들을 적용하는데도 불구하고 그 일이 당신을 괴롭힌다면, 이는 곧 당신에게 문제가 생겼다는 것을 뜻한다. 그리고 알다시피 문제란 해결되기 위해 존재한다.

동료 직원과 대화를 시도하거나 상사와 이야기하거나 노동자 협의회에 도움을 요청하라. 문제를 해결하기 위해 필요한 모든 방법을 동원하라. 미치고 싶지 않다면 문제를 풀어야 하니까.

"이런 인간인 줄 미리 알았더라면"
: 배우자가 당신을 실망시켰을 때

배우자가 드디어 그것(당신은 그것이 뭔지 이미 알고 있다.)을 이번 달 말까지 처리하겠다고 당신에게 굳게 약속했다. 그런데 처리했는가? 아니, 이번에도 하지 않았다.

당신은 기분이 몹시 상하고 실망스럽다. 미치지 않으려면 이제이 상황을 어떻게 다루어야 할까?

| 제1 마음 습관과 기술 |
사람은 어디까지 고쳐 쓸 수 있을까?

어디 보자…… 배우자의 태도는 당신의 영향력 범위 안에 있는가? 배우자의 미루는 버릇은? 배우자가 이 일을 처리하는 대신에 하는 일은? 배우자가 정말로 중요하게 여기는 것은? 모두 당신의 영향력 범위 안에 없다.

차라리 당신이 통제할 수 있는 것, 당신이 무언가 영향을 미칠 수 있는 곳에 집중하라. 예를 들어 당신은 그 일을 처리해달라고 배우자에게 부탁할 수 있다. 배우자를 잘 설득할 수도 있고 배우자가 그 일을 계속 떠올리게 할 수도 있다.

모든 것이 소용없을 때는 그것이 씨름할 가치가 있는 일인지 아닌지 판단해야 한다. 배우자와 한 번 더 대화를 시도하고 일을 처리하지 않으면 생길 결과에 대해 경고한 다음 그 결과를 실행한다. 혹은 가능한 경우, 당신이 직접 그 일을 처리한다. 아는 사람에게 도와줄 수 있는지 물어보거나 서비스 업체에 맡길 수도 있다. 그것이 당신이 할 수 있는 일이다. 배우자에게 화내지 말고 당신이 할 수 있는 일을 하라. 그래야 미치지 않는다.

| 제2 마음 습관과 기술 |

'그럴 바에는 내가 하고 말지'라는 생각 금지

이 일 말고도 배우자가 처리하지 않은 다른 일이 많다면, 그런 상황은 당신에게 금세 지나친 부담이 될 수 있다. 따라서 이 경우에는 세상의 짐을 홀로 당신의 어깨에 짊어지지 않도록 주의하는 것이 중요하다.

예를 들어 스트레스 일기(122쪽 참조)를 쓰고 스트레스 공식(118쪽 참조)을 만들면서 자신이 업무 부담을 이겨낼 수 있을지 없을지 계속 생각해보라. 25쪽에 나와 있는 업무량을 줄이는 방법도 이용하라.

| 제5 마음 습관과 기술 |

왜 내가 이 사람과 결혼했는지 떠올려보자

배우자에게 정말로 화가 났을 때에는 잠시 배우자의 좋은 면을 떠올리는 것이 도움을 준다. 배우자에게는 좋은 면도 아주 많을 것이다. 그렇지 않다면 당신의 배우자가 되지 못했을 테니까. 배우자의 재능과 장점, 됨됨이를 적어 목록을 만들어보라. 그러면 차츰 화가 풀릴 것이다.

| 제7 마음 습관과 기술 |

화에 매몰되지 말 것

그래, 당신은 배우자에게 화가 난다. 좌절한다. 실망한다. 그것은 정상적인 감정이다. 그 감정이 느껴지도록 허락하라. 하지만 그런 다음에는 감정을 떠나보내고 다시 주의를 돌려 그 일을 처리하기 위해 당신이 무엇을 할 수 있는지 생각하라.

| 제8 마음 습관과 기술 |

10년 후의 나라면 어떻게 생각할까?

가끔 그런 상황에서 몇 가지 질문을 던져보는 것이 도움을 준다. "배우자가 또 다시 처리하지 않은 이 작은 일이 10년 후에는 어떤 의미를 가지게 될까? 미래의 행복이 이 일에 달려 있나? 현재의 행복이 이 일에 달려 있나?" 이렇게 질문하다 보면 쉽게 화를 그냥 흘려보낼 수 있다. 혹은 이전에 생각하지 못했던 다른 해결방안이 떠오를 수도 있다.

적극적으로 해결책을 찾아보기

그 일이 배우자와 당신 사이에 계속 스트레스거리로 남아 있다면, 당신은 장기적 해결책을 찾아내야 한다. "두 번 다시 이 일 때문에 화를 내지 않으려면 나는 무엇을 해야 할까?"라고 자신에게 물어보라.

그 일이 정말로 문제라면, 문제를 풀어라. 203쪽부터 나오는 문제 해결을 위한 3가지 접근법을 이용하라. 배우자 대신 다른 가족들에게 맡기거나 배우자가 할 수 있을 만한 다른 일을 찾아보자. 결국 문제는 해결하라고 있는 것이다.

해결하지 못하겠다면 편안히 있으면서 차라리 인생의 좋은 면을 바라보라.

"왜 나에게 이런 일이"
: 온라인으로 사기를 당했을 때

당신은 인터넷으로 어떤 물건을 주문했다. 가격이 아주 마음에 들어서 바로 돈을 지불했다. 하지만 아무리 시간이 흘러도 물건이 오지 않는다. 당신이 판매자에게 보낸 이메일은 되돌아온다. 물건을 주문했던 웹사이트도 사라져버렸다. 간단히 말해, 당신은 사기를 당해서 돈을 날렸다. 경찰서에 가서 신고했지만 아무런 대책도 얻지 못했다. 이 상황을 어떻게 극복해야 할까?

| 제1 마음 습관과 기술 |

화를 낸들 달라지는 것은 없다

지금 당신은 사기꾼에 대해 화를 낼 수 있지만, 사기꾼의 행동에 대해서는 어떤 식으로도 영향을 미칠 수 없다. 경찰의 무능함에 대해 화를 낼 수 있지만, 경찰의 수사방식 또한 당신의 영향력 범위 너머에 있다. 당신이 영향을 미칠 수 있는 것은 딱 두 가지다. 첫째는 상황에 대한 당신의 대응, 둘째는 이 경험에서 얻은 깨달음.

| 제4 마음 습관과 기술 |

그래도 세상이 나쁘지만은 않다

당신은 지금 '인터넷은 범죄자로 가득한 도둑놈 소굴이야.'라고 생각할 것이다. 물론 농담 삼아 하는 말이다. 사기꾼이 있는 것은 분명하지만, 대다수의 사람과 기업은 법을 지키고 윤리적, 도덕적으로 아무 문제없이 거래한다. 세상은 좋지만도 않고 나쁘지만도 않다. 둘 다이다. 당신이 올바르게 살아가면서 스스로 인생의 좋은 면에 점수를 약간 더 줄 수도 있다.

| 제5 마음 습관과 기술 |

오늘 또 하나 인생의 교훈을 얻었다

그렇다. 속고 싶은 사람은 당연히 아무도 없다. 하지만 사기를 당했는데도 불구하고 당신은 행복하게 잘 살고 있을 것이다. 그렇기 때문에 인생의 좋은 면, 이 사건의 좋은 면을 보아야 한다. 이를테면 지나치게 좋은 제안은 대부분 진짜가 아니므로 다시 한 번 생각했어야 한다는 것을 이 사건에서 배울 수 있다.

| 제6 마음 습관과 기술 |

사기를 당했다는 것의 의미 생각해보기

당신이 인터넷에서 사기꾼에게 속았다는 것은 무엇을 뜻하는가? 당신은 사람을 너무 잘 믿고 멍청한가? 그런 일이 당신에게 항상 일어나는가? 사기를 당할 만한 상황이었나? 아니면 단순히 그날 재수가 나빴나? 그런 일은 누구에게나 일어날 수 있는가?

이제 그 일은 마음 아프긴 해도 유용한 깨달음을 얻은 경험이 되었을 것이다. 그 경험으로 당신은 더 야무지고 신중해졌다. 당신은 그 일이 자신에게 무엇을 의미하는지 결정해야 한다. 당신에게 이롭고 유용한 의미를 선택하라.

| 제7 마음 습관과 기술 |
때로는 웃고 넘어가야 할 일도 있으니까

물론 전체적으로 보면 기분 나쁜 일이다. 하지만 솔직히 모든 불행에는 무언가 우스운 일도 숨어 있게 마련이다. 따라서 당신의 분노를 너무 심각하게 받아들이지 말고 잠시 정신이 나갔던 자신을 두고 큰 소리로 웃어보라.

"어떻게 사랑이 변하니"
: 사랑하는 사람과 헤어졌을 때

당신에게 배우자 또는 사랑하는 사람이 있고 그가 당신에게 싫증이 났다고 치자. 세게 얻어맞은 것 같다. 전혀 아름다운 상상이 아니다. 이별은 당사자의 정신에 매우 심한 부담을 주고 금세 한 사람을 일시적으로 미칠 것 같은 상태에 빠지게 한다.

그럼에도 불구하고 이별은 매일 일어난다. 따라서 자신에게 일어날 수 있는 상황에 정신적으로 대비하는 것이 현명하다. 책에 나온 10가지 마음 습관과 기술을 이 상황에 어떻게 적용할지 한번 연습해보자.

| 제1 마음 습관과 기술 |
생각과 감정을 다스리기

이별하는 상황을 견뎌내기가 매우 어렵다 해도 어차피 다른 사람의 행동과 생각을 조종할 수는 없다. 자신이 느끼고 생각하는 것 또한 조종할 수 없다. 이별 같은 극단적 상황에서는 분노, 불안, 걱정, 실망, 상처 입은 자존심 등 극단적 감정이 일어난다. 이에 대해 우리의 정신도 의심하기, 희망 품기, 책임 떠넘기기, 복수하는 상상하기 등 극단적 생각으로 반응한다.

그런 상황에서는 자기 마음속에 일어나는 생각과 감정을 전혀 통제할 수 없다. 단지 그것들에 어떤 식으로 대응할 것인지에만 영향을 미칠 수 있다. 다시 말하면, 당신은 스스로 마음을 가라앉혀야 한다. 자신의 감정과 생각은 정상적인 것이고 언젠가 다시 사라질 것이라고 혼잣말하면서.

도움이 되는 방법은 자신이 지금 감정적으로 예외적인 상황에 놓여 있다고, 자신이 무엇을 느끼든 무엇을 생각하든 그대로 둬도 괜찮다고 스스로 다독이는 것이다. 당신의 감정과 생각이 몹시 고통스러워도 그것에 너무 큰 의미를 부여해서는 안 된다. (제7 마음습관 참조)

이제 당신에게 가장 중요한 과제는 평소 모습대로 머물면서 기운을 잃지 않는 것이다. 그래야 2부에서 소개한 여러 가지 기술을 이용할 수 있고 스스로 행동을 통제할 수 있다. 당신의 영향력 범위 안에 있는 일을 몇 가지 소개하면 다음과 같다.

◇ 상대에 대한 애정이 여전히 남아 있을 경우, 당신은 상처를 입었음에도 불구하고 다정히 대화해보려고 노력할 수 있다.

◇ 상대와 함께 상황을 다시 바로잡으려고 시도할 수 있다.

◇ 자녀가 관련되어 있다면, 당신은 자녀를 위해 상황이 덜 나빠지도록 최선을 다할 수 있다.

◇ 재산 분할이 공정하게 이루어지도록 상담을 받아야 할 수도 있다.

자신에게 다음 질문을 반복해서 던져보라. 이 상황에서 내가 통제할 수 있는 것은 무엇이고 통제할 수 없는 것은 무엇인가? 당신의 영향력 너머에 있는 일에 지나치게 많이 관여하는 것을 단호히 거부하라. 특히 다음과 같은 것들에는 관여하지 마라.

◇ 상대의 태도
◇ 상대가 떠나려는 이유
◇ 상대의 감정
◇ 상대의 생각

고통에서 헤어 나오기가 어렵다는 것을 깨달았다면, 고통을 허락하고 차분히 자신에게 위로의 말을 건네라. "이런 상황에서 그건 정상적이야." "이 감정을 받아들이겠어." "이 감정은 언젠가 지나가." 이 상황에서 오히려 별 도움이 되지 않는 생각이 떠오를 수도 있다. '도대체 내가 저 사람보다 부족한 게 뭐야?' '난 사랑받을 가치도 없는 사람인가?' '난 이제 다시는 사랑하는 사람을 찾지 못할 거야!' '저 사람은 이 일을 몹시 후회하게 될 거야. 이제 난 완전히 다른 사람이 될 테니까.'라는 식으로. 그런 생각이 떠오를 때는 생각에 저항하며 다음과 같이 혼잣말해보라.

◇ 이 생각은 아무 쓸모도 없어. 고통만 더 커질 뿐이야.
◇ 그만. 불난 집에 부채질하지 말자.
◇ 지금 무언가를 앙갚음하려 하면, 나중에 나도 똑같이 앙갚음 당하게 될 거야.
◇ 지금은 내 이익을 지키고 나 자신을 잘 돌보는 것이 무엇보다 중요해.

당신이 영향을 미칠 수 있는 것에 꾸준히 집중하라. 당신의 영향력 너머에 있어서 더는 아무것도 시도할 수 없는 일에 관여하는 것을 거부하라.

| 제4 마음 습관과 기술 |

현실을 확대해석하지 말자

이별할 때 우리는 자주 상황을 극단적으로 왜곡한다. 상대를 세상에서 가장 못되고 불쾌하고 비도덕적인 사람으로 매도하면서 자신이 예전에 어쩌다 그 부분을 못 보고 지나쳤는지 의아할 수도 있다. 자신의 고통을 줄이기 위해, 자신이 옳다고 느끼기 위해 그렇게 생각한다. 우리는 머릿속에서 상대방을 더 변변찮고 심술궂고 나쁜 사람으로 만든다. 그러면 기분이 더 좋아질까 싶어서. 하지만 원칙적으로 그런 생각은 효과가 없다. 도리어 나중에 후회하는 일을 하는 셈이 된다. 따라서 이런 극단적 상황에서도 세상을 있는 그대로 보는 것이 바람직하다.

상대도 최선을 다하는 인간일 뿐이다. 자기 나름의 이유를 갖고 있다. 당신이 최선을 다하고 자기 행동에 대한 나름의 이유를 갖고 있듯이.

인간은 대부분 악하지 않다. 그들이 어리석은 짓을 하는 것은 오히려 상처를 입었거나 부주의하기 때문이다. 정말로 나쁜 의도를 가진 경우는 거의 없다. 우리가 상대를 무조건 늘 나쁜 사람으로 가정하는 상황에서 자주 부부싸움이 시작된다. 한 번 일어난 싸움은 다른 싸움으로 이어지고 결국에는 모든 사람이 패자가 되고 만다.

따라서 당신이 상대방에게 상처를 입었고 상황이 불확실하다 해도 상대방을 있는 그대로 보는 것이 중요하다. 상대방은 결점을 갖고 있고 비합리적일 때가 많은, 자신의 태도에 대해 나름의 이유를 갖고 있는 인간이다.

| 제5 마음 습관과 기술 |

상처에 빠져 있지 말 것

이별처럼 감정적으로 예외적인 상황에 처하면 우리는 우선 의도적으로 자신의 상처와 불안에 초점을 맞춘다. 그것은 정상이다.

이 상황에서 큰 도움이 되는 행동은 계속해서 인생의 좋은 면을 생각해내는 것이다. 단순히 마음의 균형을 잡기 위해서. 물론 그런 상황에서 인생의 좋은 면을 생각하기는 힘들다. 열심히 노력해야 한다. 모든 어려움에도 불구하고 당신의 삶에서 여전히 좋고 올바른 것이 무엇인지 자신에게 물어보라.

| 제6 마음 습관과 기술 |

이 상황의 의미를 통제하라

이별하면서 우리는 자신의 새로운 상황을 설명하기 위해 아주 흥미로운 의미를 만들어내기 시작한다. 우리의 세계가 크게 변했기 때문이다. 보통 우리는 일이나 상황에 터무니없는 의미를 부여해 세상을 다시 (잘못) 이해하고 안정감을 얻으려고 시도한다. 이별하는 상황에서 우리가 만들어내는, 도움이 거의 되지 않는 전형적 의미를 몇 가지 소개한다.

◇ 그 사람은 (이제부터) 진짜 나쁜 인간이야. 예전에 그걸 몰랐던 나 자신이 놀라워.
◇ 이제 의지할 사람은 나 자신뿐이야. 이제는 나와 내 이익만이 중요해.
◇ 그 사람은 이제 내 적이야.
◇ 내게 고통을 주었으니 이제 그 사람도 고통을 맛봐야 해.

언젠가 당신과 배우자의 사이가 정상으로 돌아올 수 있다는 점을 고려하면 이런 의미는 적절하지 않다. 실제로 자녀 혹은 둘 다 알고 지내는 친구 덕분에 관계가 회복되기도 한다.

그렇기 때문에 당신은 자신이 이별과 상황에, 배우자에게 부여하는 의미를 분명하게 알고 있어야 한다. 그래야 적절한 기술을 이용해 그 의미들을 살펴보고 다음과 같이 도움이 되는 의미로 바꿀 수 있다.

◇ 배우자도 나처럼 인간일 뿐이야. 그 사람에게도 흠이 있어. 특별히 악의가 있어서 그러는 게 아니야.
◇ 서로 잘 맞지 않으면 사람들은 헤어져. 그건 정상이야. 내가 매력이 없거나 나쁘다는 뜻이 아니야. 나는 나와 잘 맞는 누군가를 다시 만나게 될 거야.
◇ 내 이익을 지키는 건 좋아. 하지만 무턱대고 상대의 삶을 힘들게 하는 건 아무에게도 도움이 되지 않아.

상황을 훨씬 더 좋게 만들려면 당신이 상황에 부여하는 의미를 확실히 이해하고 통제해야 한다.

떠오르는 감정을 객관적으로 바라보자

이별은 대부분 극단적 상황이다. 그런 상황은 우리를 극단적 감정으로 몰아넣고 우리에게 극단적 생각을 일으킨다. 그런 감정이나 생각이 아주 맹렬하게 우리를 덮치면 우리는 자신의 내면 상태에 매몰되기 쉽다. 이때 당신이 할 수 있는 일은 계속해서 다음과 같이 스스로 혼잣말하는 것이다.

◇ 나는 분노를 느껴. 고통을 느껴. 불안을 느껴.
◇ 마음이 너무 혼란스러워.
◇ 내가 느끼는 감정은 정상이야.
◇ 나는 내가 느끼는 감정을 인정해.
◇ 시간이 흐르면 이 감정은 점차 작아질 거야. 어느 순간 나는 다시 차분해지고 기분이 좋아질 거야.

당신의 감정을 바라보라. 관찰하고 느껴라. 하지만 그 감정에 너무 깊이 빠지지는 마라. 주의 깊게 머물러라. 멍하니 있지 말고 자기 자신에게 집중하라.

이 예외적 상황에서는 될 수 있는 대로 큰 결정을 내리지 않는 것이 무엇보다 중요하다. 그런 결정은 당신이 믿는 현명하고 이성적인 사람들의 의견을 여러 번 들어보고 나서 내려야 한다. 극단적 감정은 자주 극단적 행동을 낳는다. 안타깝게도 이런 어리석은 행동 때문에 스스로 자신을 해치는 경우가 많다. 삶의 방향을 지배하는 큰 결정을 당신의 감정에 맡겨서는 안 된다. 감정이 가라앉을 때까지 중요한 결정을 미뤄라.

이별할 때에는 본능적으로 의심과 불안, 걱정이 많이 생겨난다. "내가 정말로 그렇게 참을 수 없는 사람인가?" "언젠가 다시 누군가를 만날 수 있을까?" "아이들이 나를 원망할까?" "재정적으로 어려워질까?"

괴로운 생각은 괴로운 감정을 불러일으킨다. 하지만 내가 생각하고 두려워하는 것이 반드시 현실은 아니다. 현실은 전혀 다를 수도 있다. 그러니까 제발 괴로운 생각에 너무 깊이 빠져들지 마라. 자리에 앉아서 상황을 곰곰이 생각하고 장단점을 모두 따져보는 것은 괜찮지만, 처음 떠오르는 생각을 현실이자 진실로 여기는 것은 거부해야 한다. 끔찍한 생각의 소용돌이에 빠져들면 금세 헤어 나올 수 없다.

생각은 생각일 뿐이다. 때로는 현실적이고 때로는 현실적이지 않다. 그러니까 자신의 생각을 너무 심각하게 받아들이지 마라.

그건 그렇고, 이별과 실직은 아주 비슷한 사건이다. 이 사례에서 읽은 모든 내용을 실직한 상황에도 일대일로 적용할 수 있다.

"왜 나만 차별해?"
: 가족과 갈등이 일어났을 때

부모님의 금혼식이 몇 달 앞으로 다가왔다. 당신은 파티를 열어야겠다고 생각한다. 어머니에게 전화했지만, 어머니는 당신의 제안을 대수롭지 않게 여기며 나중에 이야기하자고 말한다. 동생에게 전화를 거니 이상하게 동생도 퉁명스럽고 쌀쌀맞은 반응을 보인다.

일주일 후 당신은 파티가 이미 한창 계획 중이라는 사실을 다른 데서 듣고 알게 된다. 속은 것 같고 소외된 느낌이 든다. 몹시 상처를 입은 당신이 그 일로 어머니에게 대들자 어머니는 아이처럼 굴지 말라며 나무란다. 동생에게 말하자 동생은 그 일에 대해 이야기하고 싶어 하지 않는다. 그러고는 자세한 사정도 계속 다른 데서 알아보라며 퉁명스럽게 대꾸한다. 미치지 않으려면 당신은 이 상황을 어떻게 다루어야 할까?

| 제1 마음 습관과 기술 |

가족 역시 나와 다른 인간일 뿐이다

우선 당신은 "이 갈등에 관련된 사람은 누구일까?"라고 자신에게 물어볼 수 있다. 겉으로 보기에 관련된 사람은 어머니와 동생과 당신, 이렇게 세 사람이다. 아버지도 관련되었을지 모른다.

이제 중요한 질문을 몇 가지 더 자신에게 던져보자. 당신은 어머니의 생각과 감정, 태도를 통제할 수 있는가? 안타깝게도 그럴 수 없다.

동생의 생각과 감정, 태도를 통제할 수 있는가? 그것 역시 통제할 수 없다.

물론 당신은 가족이 파티를 계획하는 일에 당신을 끼워주기를 바랄 것이다. 하지만 가족 구성원에 대해 당신이 미칠 수 있는 영향은 매우 제한적이다.

당신이 통제할 수 있는 것은 무엇인가? 당신의 의도적 행동과 의도적 생각과 의도적 결정이다. 따라서 당신이 할 수 있는 일이자 당신의 영향력 범위 안에 드는 일은 다음과 같다. 어머니와 동생과 계속 대화를 시도하고 포기하지 마라. 아버지와도 이야기해보라. 일의 배경을 몇 가지 알아낼 수도 있다.

모든 이를 다정하고 침착한 태도로 대하고 방어적인 태도를 취하지 마라. 전체 사건의 속사정을 알아내기 위해 다른 가족 구성원과 이야기할 수도 있다. 가족이 그렇게 행동할 때 당신에게 어떤 기분이 드는지 이야기하라. 당신의 과거 행동 중 무엇이 이 상황을 일으킨 원인일 수 있을지 분석해보라. 즉, 이 문제에서 당신이 담당하는 몫은 얼마나 되는지 곰곰이 생각해보라.

그래도 아무 소용이 없다면, 문제를 그냥 내버려두어도 된다. 할 수 있는 것이 거의 없기 때문이다.

당신의 영향력 범위 안에서 할 수 있는 일들이 있을 것이다. 당신이 할 수 있는 일에 집중하도록 계속 생각을 유도하라. 가족에게 그들이 어떻게 행동했어야 하고 어떤 기분을 느껴야 하는지 깨우쳐주려고 시도하지 마라. 전혀 소용없는 일이다. 당신 자신에게 그리고 당신이 실제로 영향을 미칠 수 있는 일에 집중하라.

| 제5 마음 습관과 기술 |
감사할 일이 있는지 생각해보자

당신의 시야를 잠시 넓히고 전체적 상황을 살펴보는 것은 모든 종류의 갈등에 도움이 된다. 그렇다. 당신은 지금 일부 가족에게 스트레스를 받고 있다. 그런 갈등은 우리의 머릿속에 중요한 문제로 떠올라 주목을 받게 되는 경향이 있다.

당신의 삶에서 좋은 것이 무엇인지 한 번 곰곰이 생각해보라. 현재 누구와 갈등 없이 지내고 있고 어떤 특권을 누리며 살고 있는지. 세상의 많은 사람이 굶주림에 시달리거나 전쟁지역에서 살고 있다는 사실 혹은 가족이 한 명도 없는 사람이 많다는 사실을 깨달으면, 당신의 문제는 훨씬 더 작아 보일 것이다. 그런 식으로 당신의 갈등에 대해 깊이 생각하다 보면 당신의 삶에 더 중요하고 더 뜻깊은 일들도 있다는 사실을 알아차리게 된다.

우리 삶에 존재하는 좋은 것들에 대해 감사하라. 감사하는 마음은 일상의 괴로움을 더 잘 견뎌내게 한다.

상황에 당신에게 유리한 의미를 입혀라

당신은 모든 일을 다양한 방식으로 해석할 수 있다. 동생과 어머니가 금혼식에 대해 당신과 이야기하고 싶어 하지 않는다면 그것은 실제로 무엇을 뜻하는가? 그들에게 당신의 도움이 중요하지 않은가? 아니면 당신이 지난달에 과로로 지쳐 있었기 때문에 그들이 당신을 쉬게 하려는 걸까? 지난 번 파티에도 그랬듯이 당신이 모든 일을 너무 완벽주의자처럼 준비할까봐 걱정하는 걸까? 늘 애정을 덜 받는다고 느껴왔던 동생에게 예전의 질투심과 경쟁심이 되살아난 걸까? 아니면 당신의 생일을 위한 깜짝 파티까지 동시에 준비하느라 파티 준비에 대해 이야기하려 하지 않는 건가?

우리는 자신에게 상처를 입히는 상황에 대해 자동적으로 의미를 찾는다. 하지만 당신이 상황에 부여하는 의미와 현실이 늘 일치하는 것은 아니라는 점을 명심하라. 모든 것이 전혀 다를 수도 있다.

동생과 어머니가 정말로 당신을 일부러 파티 준비에 끼워주지 않았다 해도, 당신은 스스로 그 상황에 어떤 의미를 부여하고 싶은지 곰곰이 생각해봐야 한다.

◇ 그것은 우선 가족 문제에서 손을 떼라는 신호인가?

◇ 당신 자신의 감정과 태도를 다시 검토해보라는 암시인가?

◇ 이 상황은 당신이 가족과 감정적으로 더 친밀해져야 한다는 신호인가?

◇ 아니면 감정적으로 거리를 더 두어야 한다는 신호인가?

당신은 자신이 상황에 부여하는 의미를 대부분 마음대로 고를 수 있다는 사실을 늘 알고 있어야 한다. 당신 자신에게 그리고 당신의 마음을 치유하는 데 제일 큰 도움이 되는 의미를 골라라. 합리적이고 유익한 의미를 고르는 것이 가장 좋다.

|제7 마음 습관과 기술|
당신의 생각과 거리 두기

가족은 우리와 직접적 관계를 가진 사람들이다. 신기하게도 부모님이나 형제자매, 자식만큼 우리를 화나게 할 수 있는 사람은 아무도 없다. 우리가 제일 많이 사랑하고 제일 많은 시간을 함께 보낸 가족만큼 우리의 아픈 곳을 절묘하게 누를 수 있는 사람은 없다.

특히 가족을 대할 때 우리는 상황을 쉽게 일반화하고 자신의 의견을 매우 강하게 내세운다. "내 동생은 늘 못된 애였어." "어차피 아버지는 나를 제대로 사랑해준 적이 한 번도 없었어." "어머니는 항상 나를 억압하려 했어." 우리의 확신은 진실인 경우도 있고 완전히 틀린 경우도 있다.

이 점을 분명히 알고 있어야 미치지 않을 수 있다. 이제 당신은 가족과 갈등이 있는 상황에서 오랫동안 품어온 생각을 끄집어내어 실제 문제와 교묘히 엮는다. "어머니가 나를 제외한 건 단순히 나를 믿지 않기 때문이야. 내가 참여하지 않아도 된다고 아버지가 말했을 수도 있어. 어차피 아버지는 동생을 더 예뻐하니까."

여기에서는 자신의 생각을 매우 주의 깊고도 매우 회의적으로

관찰하는 것이 중요하다. 자신에게 다음 질문을 되풀이해서 던져
보라.

◇ 그게 정말일까?

◇ 내가 그것을 실제로 알 수 있나?

◇ 그것에 대한 증거가 있나 아니면 그럴 수 있으리라는 걱정일 뿐인가?

◇ 그것은 사실인가 아니면 단지 생각인가?

가족과 분쟁이 있을 경우, 머릿속에 생각나는 것을 전부 믿지
않는 것이 중요하다. 놀랍게도 우리 인간은 추측과 생각, 이론으
로 헛다리짚는 경우가 자주 있다.

계속 다음과 같이 혼잣말하라. "내가 여기에서 동생과 아버지
와 어머니에 대해 생각하는 것은 대부분 추측에 불과해. 나는 이
일을 확실하게 알 수 없어. 그러니까 사실에 집중하는 편이 나아."
달리 말해, 당신의 생각을 너무 심각하게 받아들이지 마라. 생각
과 거리를 둘 수 있도록, 170쪽부터 나오는 탈융합 기술을 간단히
적용해보라.

당신의 감정에 대해서도 마찬가지다. 그래, 당신은 실망한다.
상처 입었다고 느낀다. 무시당하고 소외되었다고 느낀다. 모두 아
름다운 감정이 아니다. 하지만 여기에서도 감정을 너무 심각하게
받아들여서는 안 된다. 그렇게 느끼는 것은 자연스러운 일이지만
이 감정을 받아들인 다음 놓아주는 것 또한 자연스러운 일이다.
168쪽에 나와 있는 '알아차리기와 놓아주기' 연습 과정을 다시 한
번 자세히 읽어보라. 당신의 감정에 거리를 두고 건설적으로 대응

하는 법을 연습해보라. 그러고 나서 어떻게 그 상황을 가족과 다투는 상황으로 바꿀 수 있을지 곰곰이 생각해보라.

가족구성원과 다툼이 있을 때는 당신의 감정과 생각을 너무 심각하게 받아들이지 않는 것이 중요하다. 가족 내에서만큼 빠르게 미칠 수 있는 곳은 어디에도 없기 때문이다.

| **제9 마음 습관과 기술** |

지금 당신의 우선순위를 따져보자

우선순위가 분명하지 않은 경우, 우리는 사소한 일로도 순식간에 감정적 압박을 받는다.

하지만 매순간 자신의 삶에 가장 중요한 것이 무엇인지 분명히 알고 있으면, 중요하지 않은 일들을 더는 떠올리지 않게 된다. 가족이 당신에게 가장 중요하다면 가족 내의 다툼은 당연히 빠르게 있는 힘껏 해결하고 없애야 하는 문제다. 당신의 우선순위가 위협받는 경우에는 단호히 행동해야 한다. 상황을 더 잘 파악하고 갈등 요인을 없애기 위해 될 수 있는 대로 빨리 모든 관련자와 대화를 시도할 필요가 있다. 상대가 (예를 들어 동생처럼) 대화를 거절하면 다른 사람에게 연락을 취해 당신과 동생 사이를 중재해달라고 요청할 수 있다.

하지만 당신이 중요하게 여기는 가치 7개(85쪽 참조)에 가족이 포함되지 않을 수도 있다. 그럴 경우, 가족 내의 다툼에 훨씬 더 편안히 반응할 수 있다. 다음과 같이 혼잣말할 수도 있다. "그래, 물론 지금은 마음이 아파. 무시당하는 걸 좋아할 사람이 누가 있겠어. 하지만 솔직히 부모님과 연락이 뜸해진 지도 꽤 오래됐잖아. 괜찮아. 내게는 다른 사람들이 있어. 그들과 있으면 집에 있는 듯 마음이 편안해. 그러니까 이 일은 그냥 내버려두는 게 좋겠어."

이처럼 편안히 대응하는 것은 실제로 매일 일상에서 당신의 가치를 명확히 알고 있을 때에만 가능하다. 하루하루 당신에게 무엇이 중요하고 무엇이 중요하지 않은지 명확히 알고 있을 때에만.

"과연 내가 해낼 수 있을까?"
: 갑자기 모든 것이 불안할 때

당신은 지금 사이드 프로젝트로 개인 사업을 준비 중이다. 이제 막 첫걸음을 떼었다. 사업 계획은 명확하다. 자영업자들이 사무실을 더 잘 운영하고 계산서를 더 빨리 발행하도록 돕고 싶다. 새로운 사업에 더 많은 시간을 쏟기 위해 당신은 지금까지 일해온 직장의 고용주에게 요청해 근무 시간을 반으로 줄여두었다. 벌써 첫 고객도 생겼다. 실제로 당신은 순조롭게 나아가고 있으며 상황은 좋아 보인다.

하지만 어느 날 아침, 잠에서 깬 당신은 마음이 편치 않다. 하룻밤 사이에 자기회의라는 악성 바이러스에 감염되고 말았다. 당신은 모든 것을 의심하기 시작한다. 어제만 해도 맑고 푸르러 보이던 하늘이 갑자기 아주 우중충해 보인다.

문득 자신의 능력이 의심스럽다. 자신의 계획이 의심스럽다. 첫 번째 고객이 당신의 친구라서 당신은 자기 능력으로 더 많은 고객을 얻을 수 있을지 의문이 든다. 바깥세상은 전혀 변하지 않았다. 무의식 속에 깊이 자리했다가 표면으로 올라온 두려움과 걱정이 커다란 돌처럼 당신의 마음을 짓누르고 있을 뿐이다.

10가지 마음 습관을 이용하는 데 숙달된 사람은 이 상황에서 어떻게 할까?

| 제1 마음 습관과 기술 |

지금 해야 할 일들에 집중하라

물론 당신의 사업이 성공할 것인지 아닌지는 당신이 통제할 수 있는 문제가 아니다. 이 점을 인정하는 것이 중요하다. 게다가 고객이 당신의 서비스를 원하지 않을 수도 있다. 고객이 원하는 것 혹은 원하지 않는 것은 당신 손에 달려 있지 않다.

당신이 할 수 있는 일은 잠재적 고객이 정확히 무엇을 필요로 하고 무엇을 중요하게 여기는지 알아낼 때까지 그들과 오랫동안 집중적으로 대화하는 것이다.

물론 고객을 100퍼센트 만족시키기에는 당신의 능력이 (아직) 충분하지 않을 수도 있다. 고객의 만족은 고객만이 결정할 수 있는 문제이기 때문이다. 당신이 할 수 있는 일은 더 배우고 훈련하고 개선되는 것이다. 고객이 만족할 때까지 계속.

그 밖에도 개인 사업자인 당신이 통제할 수 없는 것은 많다. 일반적 경제상황, 유행과 추세, 당신의 업계를 뒤흔들고 당신의 서비스를 쓸모없게 만들 수도 있는 변화 등.

하지만 당신은 경제상황과 유행, 업계 변화에 대한 자신의 대응 방식에는 영향을 미칠 수 있다. 고객을 지혜롭게 고르고 당신을 이용하려 들거나 블랙컨슈머는 거절한다. 재정적으로 불경기에 대비하고 하루하루 고객들을 위해 최선을 다한다. 그렇게 하면 당신은 할 수 있는 모든 것을 한 셈이다.

당신이 영향을 미칠 수 있는 일이 무엇인지 곰곰이 생각해보라. 필요하고 중요한 일을 모두 하고 당신의 영향력 너머에 있는 일은 무시하라. (113쪽 '영향력 원 그리기' 참조)

| 제2 마음 습관과 기술 |

스트레스에 익숙해지지 말자

개인 사업은 대부분 초기에 매우 힘들다. 새로 시작한 사업에서 모든 생활비를 벌 수 있을 때까지 밥벌이를 위해 일을 하나 더 하는 경우에는 특히. 이런 과도기에는 자신의 에너지를 효율적으로 쓰는 것이 중요하다. 우선 스트레스 일기(128쪽)로 시작해볼 수 있다. 그러고 나서 지금 당장 필요 없는 업무를 가려내야 할 수도 있다.

| 제3 마음 습관과 기술 |

새로 시작한 일에서 당신의 퀘스트는 무엇인가?

사이드 프로젝트는 생활비를 벌기 위한 방식일 뿐인가? 아니면 당신이 몸과 마음을 다해 몰두할 과제이기도 한가? 당신은 돈을 벌기 위해서만 일하는가? 아니면 일하면서 업계를 더 체계적이고 믿을만하고 질서 있게 만들려는 목표도 갖고 있는가?

사업을 퀘스트로 삼는 것은 만병통치약처럼 모든 종류의 의심과 내적 저항을 막아준다. 진정한 퀘스트를 가진 사람은 의심이 들더라도 해야 하는 일을 대부분 그냥 해낸다. 그것이 자신의 퀘스트이자 도전이라는 강한 느낌은 모든 어려움을 힘차게 헤쳐 나가게 한다. 당신이 마음속에 품고 있는 퀘스트는 모든 활동과 의지를 안정적으로 고정해주는 튼튼한 기반이 되어 작은 의심은 무시할 수 있게 만든다.

| 제6 마음 습관과 기술 |

실패해도 인생은 망하지 않는다

개인 사업은 자기 자신을 시험하는 것처럼 느껴지기도 한다. 시험 결과는 성공 아니면 실패다. 의심 때문에 지나치게 무력해지는 경우, 당신은 실패에 뚜렷한 의미를 부여할 수 있다.

사업의 실패는 곧 당신이 패배자라는 표시일까? 당신이 앞으로도 절대 성공하지 못하리라는 표시일까? 다시는 행복해질 수 없다는 표시일까? 모든 이가 당신을 손가락질하고 비웃으리라는 표시일까?

아니면 사업의 실패는 당신이 아직 진짜 퀘스트를 찾아내지 못했다는 표시일까? 사업 아이디어가 당신의 가치와 맞아떨어지지 않았다는 표시일까? 다음번에는 훨씬 더 많이 생각하고 노력하고 더 슬기롭게 진행해야 한다는 표시일까? 결국, 삶은 성공과 실패로 이루어져 있으며 사람들은 성공하기 전에 보통 여러 번 실패를 맛보게 마련이라는 표시일까?

회의가 든다면, 일어날 수 있는 최악의 상황이 무엇일지 자신에게 조용히 물어보라. 그 상황에 어떤 의미를 부여할지도. 회의뿐 아니라 두려움, 걱정, 압박, 슬픔 등을 느낄 때에도 당신이 기본적으로 상황에 어떤 의미를 부여할 것인지 스스로 물어보라.

의심이 쉽게 왔다가도 쉽게 사라지게 만들어라

의심은 생각이다. "일이 잘 풀리지 않으면 어쩌지?" "내가 잘하지 못하면 어쩌지?" "도중에 내가 그 일에 소질이 없다는 것을 깨닫게 되면 어쩌지?"

물론 의심은 가끔 유용할 수 있다. 상황을 한 번 더 깊이 생각해봐야 한다는 내면의 경고일 수 있다. 하지만 의심이 단지 불안 혹은 부족한 자신감의 잘못된 표현인 경우가 전체 중 대략 95퍼센트를 차지한다. 그런 경우에는 의심을 그대로 둬라. 의심에 다정히 인사를 건네라. 의심을 너무 심각하게 받아들이지 마라.

모든 것이
헛되지 않도록

이제 우리는 이 책의 마지막에 이르렀다. 책에서 우리는 어려운 상황으로 가득한 이 정신없는 시대에 미치지 않고 살아갈 방법을 다루었다. 이쯤에서 당신에게 도움말을 몇 가지 더 주고 싶다. 구체적으로 어떻게 계속해나가야 하는지, 책에 나온 아이디어들을 어떻게 일상으로 옮겨 사용할 수 있는지에 대해.

모두 알다시피 책을 옆으로 밀쳐두면 책에 들어 있는 원칙과 기술은 생명을 잃고 사라져버린다. 당신은 언젠가 맥주를 마시며 어려움을 겪는 친구에게 이 책에 나온 원칙과 기술을 이야기해줄 수는 있어도 직접 그것들을 이용하지는 못할 것이다. 이는 곧 당신이 언젠가 미치게 되리라는 것을 뜻한다. 물론 미치고 싶은 사람은 아무도 없다.

그러니 제발 책에 나온 기술들을 이용하고 그것들을 진짜 자신의 것으로 만들어라. 당신의 일상이 더 편안하고 아름다워지도록 그 기술들을 당신의 삶에 끼워 넣어라.

누군가가 "이 책에 소개된 기술은 효과가 전혀 없어."라고 말하는 일은 없었으면 좋겠다. 이 책에 소개된 기술은 효과가 매우 좋기 때문이다. 물론 기술을 실행해야 효과도 나는 법이다. 따라서 여기에 기술을 실행하기 위해 취해볼 만한 조치를 몇 가지 소개한다.

원칙을 익혀 자기 것으로 만들어라

101쪽부터 자가 테스트가 나와 있다. 이 테스트를 이용해 당신은 계속 자신을 점검할 수 있다. 현재 어느 부분이 자신의 삶을 어렵게 하는지, 10가지 마음 습관 중 어느 것을 따르지 않아서 삶이 힘들어졌는지도 알아낼 수 있다.

마음 같아서는 내가 매주 한 번 당신에게 전화를 걸어 자가 테스트를 해보라고 알려주고 싶지만, 우리 집 전화 요금 통지서에도 신경을 써야 하니 당신이 스스로 책임지기 바란다. 잊어버리지 않도록 일정표나 스마트폰에 등록해두고 한 달 동안 매주 한 번 시험을 치러라. 원칙을 거슬러 생각하거나 행동하는 부분이 어디인지 점검하라.

어느 원칙을 지키는 것이 어렵다고 생각되면, 그 원칙과 관련 기술이 나와 있는 부분을 특별히 한 번 더 훑어보라. 그런 다음 현재 당신이 가장 많이 필요로 하는 아이디어를 마음에 새겨라.

기술을 연습하라

그래, 나도 안다. 연습은 왠지 모르게 지루하다. 하지만 그와 동시에 기술 중에는 연습할 가치가 있는 기술이 많다. 일상에서 그 기술들을 힘들이지 않고 능숙하게 다룰 수 있다면 당신은 부처처럼 침착하고 편안해질 것이다.

기술을 진지하게 받아들이고 연습하라. 제일 마음에 드는 기술로 시작하라. 기술을 정한 다음에는 현재 당신의 마음을 약간 어지럽히는 무언가 황당한 일을 골라라. 거창한 주제를 고르지 않는 것이 좋다. 연습을 위해서는 오히려 작은 주제가 적당하다. 이제 그 작은 주제에 기술을 적용해보라.

책에 나온 원칙이나 기술을 어떤 상황에 적용할 수 있을지 목록을 만들어보는 것도 좋다. 그런 다음 각 상황에 대해 실행 의도를 만들고 정신 훈련을 이용해 실행의도를 뒷받침하면 이 책의 아이디어들을 삶으로 끌어들일 수 있다.

기록하는 자가 살아남는다

나는 이 말을 '기록되는 것이 살아남는 것이다.'로 바꾸고 싶다. 다시 말해, 이 책에 나온 기술들을 당신의 삶으로 끌어들일 방법을 일기에 적기 시작하면 변화를 계획하고 지속하는 일이 더 쉬워질 것이다. 당신이 무엇을 시도했는지, 무엇을 이루고 무엇을 이루지 못했는지 적어라.

중요하게 생각하는 어떤 일을 기록해두면 우리 생각 속에서 그 일의 가치가 더 높아진다. 글로 적는 동안 그 일은 우리 의식 속에 훨씬 더 단단히 고정된다. 그 일이 실제로 우리 삶의 본질적 구성요소가 될 가능성도 커진다.

당신이 계획하는 변화를 일기에 적을 때 이용해볼 만한 질문을 몇 가지 소개한다.

- ◇ 나는 무엇을 바꾸고 싶은가?
- ◇ 변화를 위해 어떤 상황에서 어떤 원칙을 따르고 어떤 기술을 적용하려 하는가?
- ◇ 해당 상황에서 구체적으로 무엇을 해야 하는가?
- ◇ 실행 의도는 어때야 하는가?
- ◇ 나는 새로운 태도를 정확히 언제 적용했나?
- ◇ 결과는 어땠나? 상황은 어땠나? 잘된 것은 무엇인가? 어려웠던 점은 무엇인가?

특정 기간 동안 스스로 이 질문들을 던지고 답하면 당신은 무엇이 효과가 좋고 무엇이 효과가 없는지 알아차리게 될 것이다. 어느 부분에서 태도를 좀 더 바로잡아야 하는지도. 일기는 더 쉽게 배우고 더 체계적으로 나아가는 데 도움이 된다.

침착하게 만트라를 읊어라

끝으로 주문이 남았다. 이 책에 나온 원칙들이 당신의 삶에 더 강하게 자리 잡도록 틈 날 때마다 주문을 읊어라. 그러면 당신은 점점 더 침착해질 것이다. 거센 파도에도 끄떡없는 바위처럼 점점 더 단단해질 것이다.

늘 침착한 태도로 나 자신에게 집중하고 싶어. 나 자신과 나의 행동, 나의 생각을 잘 살펴봐야 하니까.

늘 내 힘이 미치는 일에만 신경 쓰고 싶어.

나와 아무 상관없는 일에 신경 쓰고 있을 때, 그것을 알아차리고 얼른 다시 내가 영향을 미칠 수 있는 일로 관심을 돌리고 싶어.

있는 그대로 나 자신에게 집중하겠어. 내가 행하는 것, 내가 나 자신과 다른 사람에게 말하는 것에 집중할 거야. 다른 모든 것은 나와 아무 상관없어.

나의 영향력, 내가 할 수 있는 것과 할 수 없는 것에 주의를 기울이고 싶어. 그래야 미치지 않고 내가 해낼 수 있는 만큼만 계획을 세울 테니까.

세상에서 나의 자리를 찾고 싶어. 내게 의미와 안정감을 주는 퀘스트를 찾고 싶어. 나의 열정과 창의력을 쏟을 만한 무언가를 갖기 위해. 나와 상관없는 일에 관여하게 하는 유혹을 막기 위해.

늘 세상을 있는 그대로 보고 싶어. 빛나는 곳과 그늘진 곳을 함께. 좋은 일과 나쁜 일을 함께.

늘 좋은 일에 귀 기울이고 싶어. 좋은 일은 나쁜 일보다 훨씬 더 조용해서 놓쳐버리기 쉽거든. 보잘것없어도 내 힘이 미치는 한 좋은 일에 참여하고 싶어. 세상을 좀 더 밝고 아름답게 만들기 위해서.

일반적으로 삶에서 일어나는 좋은 일, 특히 내 삶에서 일어나는 좋은 일로 자꾸 시선을 돌리고 싶어. 내 삶의 소중한 것을 당연하게 여기지 않고 하루하루 그것을 즐기기 위해.

살면서 부딪치는 상황들에 나 스스로 의미를 부여하고 싶어. 나를 약하게 하는 게 아니라 더 강하게 하고 내 삶을 더 아름답게 만드는 의미를. 잘 살펴보기만 하면, 일어나는 모든 일에 기회와 선물, 깨달음이 숨어있다는 사실을 나는 알고 있어.

나 자신 및 나의 내면생활을 차츰 더 잘 이해하고 싶어. 절대로 내적 충동을 너무 심각하게 받아들이지 않을 거야. 나의 감정과 나의 생각은 내가 아니니까. 나는 그보다 훨씬 더한 존재야. 나는 내 감정과 생각을 정성스럽게 보살피고 다정하게 옳은 방향으로 이끌고 싶어.

시간 영역을 능숙하게 옮겨 다니고 싶어. 과거에서 소중한 것을 찾아내어 그 가치를 인정하고 원망은 잊고 싶어. 미래에 대해 걱정하지 않고 단지 다가올 수 있을 일을 대비하고 싶어. 하지만 나의 시간을 대부분 현재에서 보낼 거야. 행복을 느낄 수 있는 유일한 시점인 현재에서.

내게 정말로 의미 있는 것이 무엇인지 늘 알고 있고 싶어. 내가 소중히 여기는 가치에 따라 살기 위해 늘 노력하고 싶어. 진정한 만족은 나의 가치와 일치하는 삶에서 생겨나니까.

늘 나의 문제를 알아차리고 해결하는 능력을 갖고 싶어. 내 삶이 점점 더 빛날 수 있도록.

늘 이 원칙들을 지키며 사는 능력을 갖고 싶어.

이제 헤어질 시간이다.

몸 건강히 잘 지내길.

미치지 않도록 조심하라.

이제 당신은 미치지 않는 방법을 알고 있다.

힘들 때 미치지 않는 기술

초판 1쇄 인쇄 2022년 2월 10일 **초판 1쇄 발행** 2022년 2월 23일

지은이 랄프 젠프트레벤
옮긴이 이미영
펴낸이 이승현

편집1 본부장 배민수
에세이2 팀장 정낙정
편집 박인애
디자인 함지현

펴낸곳 ㈜위즈덤하우스 **출판등록** 2000년 5월 23일 제13-1071호
주소 서울특별시 마포구 양화로 19 합정오피스빌딩 17층
전화 02) 2179-5600 **홈페이지** www.wisdomhouse.co.kr

ISBN 979-11-6812-231-4 03190